© 2018 Aurélien Calonne

Couverture : Portrait de Lorenzo Cybo, Parmigianino, 1524

ISBN : 978-2-9554300-5-7

Dépôt légal : octobre 2018

OPERA NOVA

DE ACHILLE MAROZZO BOLOGNESE,

MAESTRE GENERALE DE L'ARTE DE L'ARMI.

1536

Transcription et traduction par Aurélien Calonne

TABLE DES MATIÈRES

Opera Nova - Livre 3
- Premier assaut — 8
- Second assaut — 32
- Troisième assaut — 60
- Les gardes — 88
- Épée à deux mains contre armes d'hast — 123

Glossaire — 134
Schéma des déplacements — 138
Schéma des frappes — 140
Notes sur la transcription — 142
Notes sur la traduction — 143
Remerciements — 144
A propos de l'auteur — 145

LIBRO TERTIO IL QUALE TRATTA DE L'ARTE DELLA SPADA DA DUE MANE.

LIVRE TROIS LEQUEL TRATE DE L'ART DE L'ÉPÉE À DEUX MAINS.

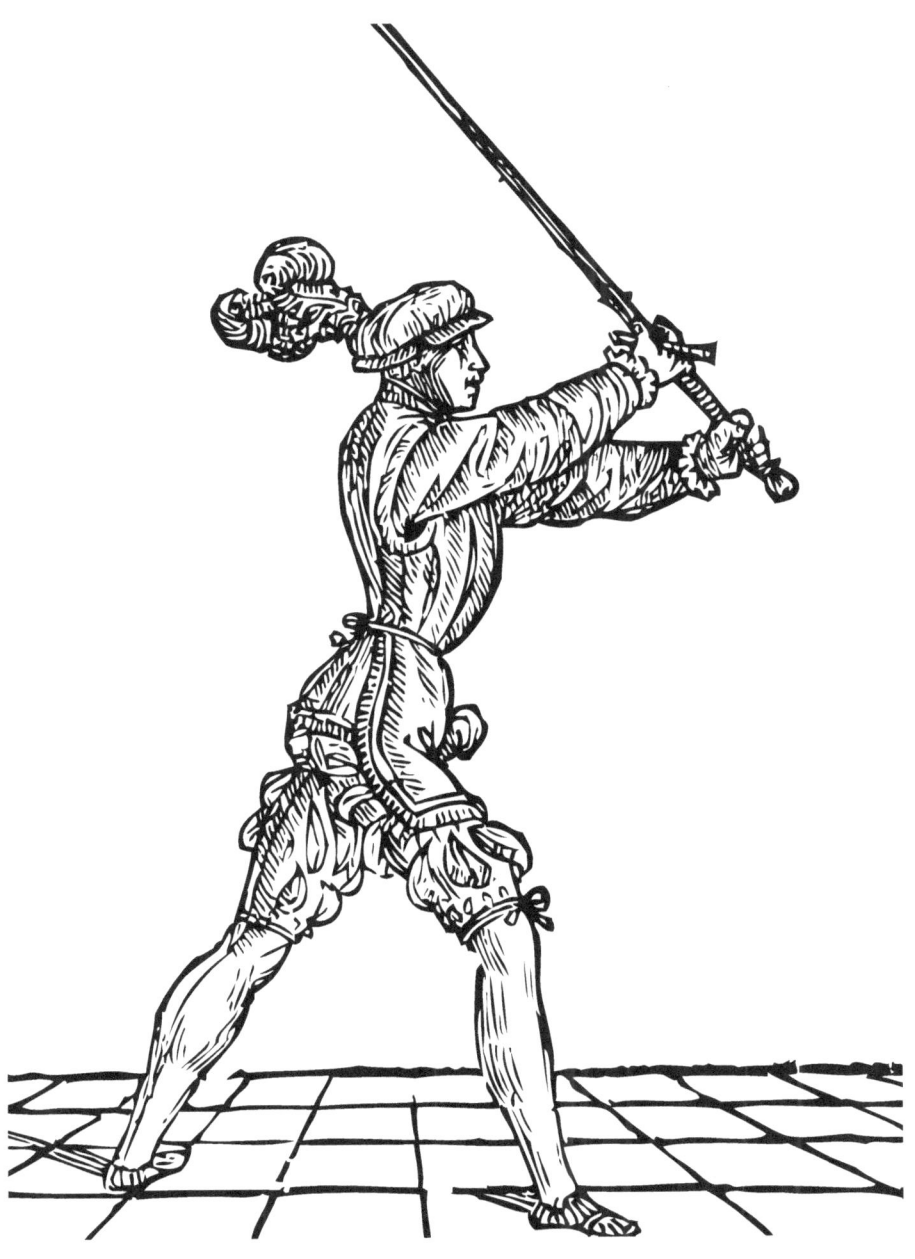

Cap. 161. Del primo assalto de giocco largo.

Hora guarda che al nome de Dio daremo principio a larte della Spada da due mane, de gioco largo, e ancho de stretto, e de prese de spada, faremo pure assai belle cose, e faremo anchora contra arme in astate da solo a solo & in compagnia, & a ogni fogia che acadesse adoperare la ditta spada da due mane, siche pertanto tu starai atento, e notarai lo infrascritto ordine.

In prima le dibisogno che tu vadi atrovare el tuo inimico con uno di quelli andari agioco che a te parera per fino a tanto che serai apresso del ditto. Hora essendo arivato apresso del tuo nimico, tu te metterai in guardia de testa per andare atrovare el ditto inimico, ma guarda bene che se lui fusse in porta de ferro alta, le dibisogno che tu falaci de uno falso impuntato per defora dalla spada sua dal suo lato dritto passando con la tua gamba manca, e dritta inanci tragando insieme de tale passare uno mandritto per testa con uno tramazon insieme per modo che la tua spada se acalera in porta de ferro larga, e alhora sel tuo inimico te tirasse per testa tu butterai la tua gamba dritta inverso alle sue parte dritte, e si torrai el parato con el filo dritto della Spada tua caciando in tale parare la ponta della ditta spada in la facia de lo inimico, & in uno medesimo tempo tu passarai della tua gamba manca inverso alle sue parte dritte, e in tal passare tu li tirerai de uno roverso fendente in su la testa, & la tua spada se acalera in coda longa & alta, con il pie manco inanci.

Ma sel tuo inimico in tale calare te tirasse per testa tu tirerai la gamba manca apresso della dritta, & si incrosiarai in tal tirare forte le tue bracie driciando pure la ponta della spada in la facia de lo inimico, e a questo modo tu haverai parato la botta del sopraditto,

Chapitre. 161. Du premier assaut du jeu large.

Maintenant, regarde qu'au nom de Dieu, nous donnerons le début de l'art de l'épée à deux mains, du jeu large et également du rapproché et des prises d'épée. Nous ferons ainsi beaucoup de belles choses et nous les ferons aussi contre les armes d'hast en un contre un et en compagnie, et dans toutes les façons où il arrive d'utiliser cette épée à deux mains. Donc pour cela tu resteras attentif et observeras les règles ici écrites.

Premièrement, il est nécessaire que tu ailles trouver ton ennemi avec un de ces allers au jeu qu'il te plaira, de sorte que finalement tu seras près de celui-ci. Maintenant, étant arrivé auprès de ton ennemi, tu te mettras en *guardia di testa* pour aller trouver cet ennemi, mais regarde bien que si lui est en *porta di ferro alta*, il est nécessaire que tu fasses[1] un *falso impuntato* par l'extérieur de son épée à son côté droit, passant de ta jambe gauche et de ta droite en avant, tirant dans ce déplacement un *mandritto* à la tête avec un *tramazzone* de sorte que ton épée tombera en *porta di ferro larga*. Si alors ton ennemi te tire à la tête, tu jetteras ta jambe droite vers son côté droit et tu prendras la parade avec le droit fil de ton épée, dirigeant dans cette parade la pointe de ton épée dans la face de ton ennemi. Et dans un même temps, tu passeras de ta jambe gauche vers son côté droit, et dans ce pas tu lui tireras un *roverso fendente* à la tête et ton épée tombera en *coda longa e alta* avec le pied gauche devant.

Mais si ton ennemi te tire à ta tête dans cette tombée, tu tireras la jambe gauche près de la droite et alors dans ce pas tu croiseras fortement tes bras en dirigeant bien la pointe de l'épée dans la face de l'ennemi, de cette façon tu auras paré la botte de celui-ci.

---

1   *Falaci* : il peut soit s'agir d'une ancienne forme du verbe *fare*, faire ; soit s'agir du verbe *falaciare*, tromper, qui équivaut alors à une cavation. La construction de la phrase n'étant pas la même que dans les cas où Marozzo utilise *falaciare*, je pense qu'il s'agit plutôt ici du sens de "faire".

e parato che tu haverai, tu butterai el tuo pie dritto due spanne indrieto, e si tirerai de uno falso dritto de sotto insuso per le mane del nimico, e in tal tirare, la gamba manca andara forte de drieto dalla dritta per modo che tu sarai con la tua spada in porta di ferro alta, e la gamba manca seguira la dritta per de drieto, e li voglio che tu aspetti el nimico.

Modo da tenere in questa seconda parte.

Essendo tu rimaso con la spada in porta di ferro alta de qui le dibisogno che sempre mai tu guardi de gioco largo alla spada dal megio inanci, e de gioco stretto tu guarderai alla man manca per amore delle prese e viste.

Ma preponiamo che de gioco largo lui te caciasse una ponta infalso per defora per desconciarte per possere dare de qualche mandritto, o de botta altra alhora tu alla ditta ponta tu la butterai con el falso della Spada tua un poco infora, e insieme tu crescerai de la tua gamba manca forte inanci, e si li spingierai de una ponta incrosiata per la facia, e spinto che tu haverai la ditta ponta, tu passarai della tua gamba dritta inverso alle parte manche del nimico, e in tale passare tu li tirerai de uno falso desotto insuso per la man dritta, e la gamba manca seguira la dritta per de drieto non te fermando che tu traghe uno tramazon che acali in cinghiara porta de ferro con la tua gamba mancha inanc,

alhora per tuo reparo tu tirerai la gamba manca apresso alla dritta, e il parerai la botta del nimico in guardia de Croce, e parato che haverai la ditta botta, tu butterai il pie dritto due spanne de drieto dalla manca, & si li tirerai de uno falso de sotto insuso dritto per le mani, e in tal tirare la gamba manca se andara forte de drieto dalla dritta. Siche in questo modo tu serai andato con la spada in porta di ferro larga.

Cela fait, tu jetteras ton pied droit de deux empans[2] en arrière et tireras un *falso dritto* de bas en haut aux mains de l'ennemi, et dans cette frappe la jambe gauche ira fortement derrière la droite de sorte que tu seras avec ton épée en *porta di ferro alta* et que la jambe gauche suive la droite par derrière. Là, je veux que tu attendes l'ennemi.

La façon de tenir dans cette seconde partie.

Étant resté avec l'épée en *porta di ferro alta*, de là il est nécessaire que tu regardes toujours la moitié avant de son épée au jeu large, et sa main gauche au jeu rapproché en raison des prises et des feintes.

Mais supposons qu'au jeu large il te pousse une *punta infalso* par l'extérieur pour te déconcerter afin de pouvoir te donner du *mandritto* ou toute autre botte. Alors tu frapperas cette *punta* un peu vers l'extérieur avec le *falso* de ton épée et à la fois tu avanceras de ta jambe gauche fortement devant et tu lui pousseras une *punta incrociata* à la face. Aussitôt cette *punta* poussée, tu passeras de ta jambe droite vers le côté gauche de l'ennemi et dans ce pas tu lui tireras un *falso* de bas en haut à la main droite, et la jambe gauche suivra la droite par-derrière. Sans t'arrêter, tu tailleras un *tramazzone* qui tombera en *cinghiara porta di ferro* avec la jambe gauche devant.

Alors pour te couvrir, tu tireras la jambe gauche près de la droite et tu pareras la botte de l'ennemi en *guardia di croce*. Ayant paré celle-ci, tu jetteras le pied droit de deux empans derrière le gauche et tu lui tireras un *falso* de bas en haut à ses mains, et la jambe gauche ira fortement derrière la droite dans cette frappe. De cette façon tu seras allé avec l'épée en *porta di ferro larga*.

2   *Spanne* : L'empan, *spanna*, est une mesure ancienne équivalente à une vingtaine de centimètres. Elle se mesure du bout du pouce jusqu'à l'extrémité du petit doigt pour une main ouverte. Cf *Delle misure d'ogni genere, antiche, e moderne con note letterarie, e fisico...* par Girolamo Francesco Cristiani

Trattase qui della tertia parte.

Tu sai che in la seconda parte tu rimanisti in porta di ferro larga, voglio che tu urti del falso della spada tua in quella del nimico forte inverso alle tue parte dritte acociando in tale urtare il pie manco apresso al dritto, e urtato che tu haverai el ditto falso, tu li darai de uno mandritto tondo per le gambe passando in tale tirare dil pie dritto forte inanci, e quel mandritto tornara in guardia de facia, tirando in tal tempo il pie dritto apresso del manco, e dricerai la ponta della spada in la facia del nimico per modo che se lui te tirasse per testa, tu infingerai de parare con la spada tua, e lassaralo andare avodo, & a uno tempo medesimo tu li lassarai andare de uno roverso fendente, passando in tirare de tale Roverso con la tua gamba manca inverso alle sue parte dritte per modo che la Spada tua sera calata in coda longa & alta

non te fermando, per tuo reparo, tu tirerai la gamba manca apresso alla dritta, e si andarai con la spada tua in guardia di croce, e a un tempo de guardia de croce tu butterai el pie dritto due spanne de drieto del manco, & si tirerai de uno falso desotto insuso dritto per le man del nimicho, e in tirare del ditto falso il pie manco andara de drieto dal drito, e in questo modo tu anderai con la spada in porta di ferro alta per il dritto del sopraditto.

Quarta parte che parla del tramazoncello.

Adonque essendo tu in porta di ferro alta, el tuo inimico fusse in questa medesima guardia, voglio che tu tiri de uno tramazoncello con la tua gamba manca passando inverso alle parte dritte del nimico per modo che la spada tua se acalara in cinghiara porta di ferro stretta, e della ditta cinghiara tu li cacierai de una ponta infalsata per de fora che andara per la sua tempia mancha de sopra dalla Spada sua per paura della detta ponta descoprira le bande sue basse, e tu in questo scoprire li

Traitant ici de la troisième partie.

Tu sais que dans la seconde partie tu es resté en *porta di ferro larga*, je veux que tu frappes fortement vers ton côté droit du *falso* de ton épée dans celle de l'ennemi en plaçant dans cette frappe le pied gauche près du droit. Puis ayant frappé ce *falso*, tu lui donneras un *mandritto tondo* aux jambes en passant fortement du pied droit devant dans ce coup. Ce *mandritto* retournera en *guardia di faccia* en tirant dans ce temps le pied droit près du gauche. Tu dirigeras la pointe de l'épée dans la face de l'ennemi de sorte que s'il te tire à la tête, tu prétendras parer avec ton épée, mais tu le laisseras aller à vide. En même temps, tu lui laisseras aller un *roverso fendente* en passant avec ta jambe gauche vers son côté droit dans cette frappe de sorte que ton épée tombera en *coda longa e alta*.

Pour te couvrir, sans t'arrêter, tu tireras la jambe gauche près de la droite et tu iras alors avec ton épée en *guardia di croce*. Et en un temps depuis la *guardia di croce*, tu jetteras le pied droit deux empans derrière le gauche et alors tu tireras un *falso dritto* de bas en haut aux mains de l'ennemi, et en tirant ce *falso* le pied gauche ira derrière le droit, et de cette façon tu iras avec l'épée en *porta di ferro alta*, droit vers celui-ci.

Quatrième partie qui parle du *tramazzoncello*[3].

Étant donc toi en *porta di ferro alta* et ton ennemi dans cette même garde, je veux que tu tires un *tramazzoncello* en passant avec ta jambe gauche vers le côté droit de l'ennemi de sorte que ton épée tombera en *cinghiara porta di ferro stretta*. De cette *cinghiara*, tu lui chasseras une *punta infalsata* par l'extérieur qui ira à sa tempe gauche par-dessus son épée. Par peur de cette

---

3   Le suffixe –ello est un suffixe diminutif, il s'agirait donc ici d'un petit *tramazzone*. Or Marozzo ne décrit jamais précisément cette frappe

dari de uno mandritto tondo per le gambe che tiri, e intri in guardia de intrare in largo passo,

e alhora tu essendo in la ditta guardia de intrare passerai dil tuo pie dritto forte inanci, e si li spingierai de una ponta incrosiando le tue bracie insieme per desopra dalla spada del nimico dallato dentro : cioe dal suo lato manco, & la ditta ponta andara forte per la facia del sopradito, e alhora lui per paura della ditta ponta la urtara del suo filo dritto inentro, alhora tu li lassarai andare de uno meggio mandritto per la gamba sua dritta che non passara porta di ferro larga, alhora sel tuo inimico te tirasse per testa tu tirerai il pie dritto appresso el manco, & si parerai la botta sua in sul filo dritto della spada tua : cioe in guardia de facia, e parato che tu haverai la ditta botta sua, tu passerai galantemente del tuo pie mancho inverso alle sue parte dritte, & si li darai de uno Roverso fendente che acalera in Coda longa & alta,

alhora per tuo reparo tu tirerai el pie manco apresso el dritto, & si anderai con la spada tua in guardia de croce, e andato che tu sarai in la ditta guardia de croce tu butterai il pie dritto due spanne de drieto del manco & si tirerai de uno falso dritto per le mani de nimico de sotto insuso, & intrare di tale falso la gamba manca andara forte de drieto dalla dritta per modo che la Spada tua sera andata in porta di ferro alta, & li te assetterai galante e polito.

Seguita la quinta parte delo agente.

Hora nota bene che essendo tu in porta di ferro alta el tuo inimico fusse in porta di ferro stretta o alta, de qui tu lo atrovarai passando e tirando uno tramazon che percuotera forte la spada sua, e con la tua gamba manca inverso alle parte dritte del nimico, e non fermando el tramazon sopra ditto che tu li spingi de una ponta in falso per la facia de sopra de la spada del nimico de fora dalle sue parte drite in modo che per paura

punta, il découvrira sa partie basse, et toi à cette ouverture tu lui donneras un *mandritto tondo* aux jambes qui tire et entre en *guardia d'intrare in largo passo*.

Étant alors dans cette *guardia d'intrare*, tu passeras de ton pied droit fortement devant et en croisant tes bras ensemble tu pousseras une *punta* par-dessus l'épée de l'ennemi du côté intérieur, c'est-à-dire son côté gauche, et cette *punta* ira fortement à la face de celui-ci. Alors par peur de celle-ci, il la frappera de son droit fil vers l'intérieur, tu lui laisseras donc aller un *mezzo mandritto* à sa jambe droite qui ne dépassera pas la *porta di ferro larga*. Puis si ton ennemi te tire à la tête, tu tireras le pied droit près du gauche, et tu pareras sa botte sur le droit fil de ton épée, c'est-à-dire en *guardia di faccia*. Ayant paré sa botte, tu passeras élégamment de ton pied gauche vers son côté droit et tu lui donneras un *roverso fendente* qui tombera en *coda longa e alta*.

Pour te couvrir, tu tireras le pied gauche près du droit et tu iras avec ton épée en *guardia di croce*. Une fois que tu seras dans cette *guardia di croce*, tu jetteras le pied droit deux empans derrière le gauche et tireras un *falso dritto* de bas en haut aux mains de l'ennemi. Et en tirant ce *falso*, la jambe gauche ira fortement derrière la droite de sorte que ton épée ira en *porta di ferro alta*. Là, tu t'arrangeras élégamment et proprement.

Suit la cinquième partie de l'agent.

Maintenant, note bien qu'étant toi en *porta di ferro alta* et ton ennemi en *porta di ferro stretta* ou *alta*, de là tu le trouveras en tirant un *tramazzone* qui percutera fortement son épée tout en passant avec ta jambe gauche vers le côté droit de l'ennemi. Et sans arrêter ce *tramazzone*, tu lui pousseras une *punta in falso* à la face par-dessus son épée par l'extérieur à son côté droit, de sorte que par peur de cette *punta*, il la parera en

della ponta ditta lui la parera urtando infora o alinsuso, e tu in tale urtare li tirerai de uno roverso redoppio de sotto insuso per le bracie sue con la tua gamba manca passando in tal tirare inanci forte, & sappi che per cason de tale redoppio tu li farai una presa con la mano tua manca

e quando a te paresse de non li fare la presa tu butterai la tua gamba dritta inverso ale sue parte manche, & si li darai de uno mandritto per testa de quella natura che a te parera con un tramazon insieme che acalera in porta di ferro larga, alhora tu essendo in la ditta porta di ferro larga, el tuo inimico te respondesse de botta alcuna tu parerai con el falso della spada tua desotto insuso urtando con uno roverso sgualembrato per la sua tempia dritta passando in tirare de tale roverso della gamba manca forte inverso alle parte dritte del nimico, e la spada tua andara in guardia de coda longa e destesa, e per tuo reparo tu farai quella botta che se domanda fugie e crove in modo che la spada tua andara in cinghiara porta di ferro stretta,

& di qui le di bisogno che tu abelischa il gioco : cioe tu farai volta dritta tirando il pie manco apresso el dritto, e puo farai volta manca andando con la spada in guardia de intrare, e la gamba manca andara in largo passo inverso le parte dritte del nimico, e li te fermerai in la guardia sopradita de intrare in largo passo & con le tue bracie distese e polite, e sopra al tutto la mano manca tua alta forte alinsuso, e la ponta della spada inance per il dritto della facia del tuo inimico.

frappant vers l'extérieur ou vers le haut. Alors toi dans cette parade, tu lui tireras un *roverso redoppio* de bas en haut à ses bras en passant dans cette frappe avec ta jambe gauche fortement devant. Et sache qu'à l'occasion[4] de ce *redoppio*, tu lui feras une prise avec ta main gauche.

Mais s'il ne te plaît pas de lui faire la prise, tu jetteras ta jambe droite vers son côté gauche et tu lui donneras un *mandritto* à la tête de la nature qu'il te plaira, avec un *tramazzone* qui tombera en *porta di ferro larga*. Alors, étant dans cette *porta di ferro larga* et ton ennemi te répondant d'une botte quelconque, tu pareras avec un *falso* de ton épée de bas en haut et frappant avec un *roverso sgualembrato* à sa tempe droite, en passant dans cette frappe de *roverso* de ta jambe gauche fortement vers le côté droit de l'ennemi, et ton épée ira en garde de *coda longa e distesa*. Pour te couvrir, tu feras la botte qui se nomme *fugie e cruve*[5], de sorte que ton épée ira en *cinghiara porta di ferro stretta*.

De là, il sera nécessaire que tu embellisses le jeu, c'est-à-dire que tu feras une *volta dritta* en tirant le pied gauche près du droit, puis une *volta manca* en allant avec l'épée en *guardia d'intrare*, et la jambe gauche ira dans un large pas vers le côté droit de l'ennemi. Et ici tu t'arrêteras dans cette *guardia d'intrare in largo passo* proprement avec les bras tendus, et surtout avec ta main gauche fortement vers le haut, et la pointe de ton épée devant droit[6] vers la face de ton ennemi.

---

4   *cason* : forme mal orthographiée de *casion* qui équivaut à *occasione* selon le FLORIO.
5   *fugie e cruve* : fui et couvre, *cruve* ou *crove* selon comment Marozzo l'orthographie, vient du terme bolonais *cruver* équivalent à *coprire* selon le *Vocabolario Bolognese-Italiano* de CORONEDI BERTI.
6   *per il dritto, per lo dritto* : forme archaïque signifiant droit devant.

Sesta parte e in questa sarai agente con il falso.

Essendo rimaso in la ditta guardia de intrare in largo passo de qui tu atrovarai el tuo inimico de uno falso manco passando intrare di tale falso dela tua gamba dritta forte inanci per il dritto, e questo facio perche lui habbia casion de moversi de guardia, e movendose de guardia el sopraditto, tu passerai della tua gamba manca inverso le parte dritte del nimico, e li farai vista de uno tramazon per testa e lassarali calare de uno roverso per gamba che andara in coda longa e distesa, ma per tuo reparo tu butterai la gamba tua manca forte de drieto dalla dritta ,& si li caciarai de una ponta incrosata sopra mano per la facia del nimico, e li tu farai una megia volta con le tue mani per modo che la spada tua se andera in porta di ferro alta, e, li tassetarai con le tue bracie ben polito e galante quanto sia possibile.

Settima parte del primo assalto.

Tu sai che disopra inella parte del precedente tu rimanisti con la spada tua a porta de ferro alta, de qui le dibisogno che tu guardi in che guardia e el tuo nimico sapendo che se lui fusse in quella guardia che disopra e ditto, tu passerai della tua gamba manca forte inverso alle sue parte dritte, e in tale passare tu li spingierai de una ponta incrosiata per defora dalla spada sua da lato dritto con la qual ponta andara forte verso la tempia manca del sopraditto, in modo che per paura lui de la ponta ditta fa largara per potere urtarla del falso suo verso le sue parte dritte,

e tu alhora vedendo tale allargare, tu li tirerai de uno falso dritto de sotto insuso per le man passando intrare del ditto falso della tua gamba destra forte inverso lasua parte sinistra ben polito non fermando el falso sopraditto che tu li traghi de uno tramazon con la tua gamba manca passando inverso le parte dritte del tuo nimico in modo che la Spada tua tratto che tu haverai el ditto tramazon sera calata in cinghiara porta di

Sixième partie et dans celle-ci tu seras agent avec le *falso*.

Étant resté dans cette *guardia d'intrare in largo passo*, de là tu trouveras ton ennemi avec un *falso manco* en passant dans cette frappe de ta jambe droite fortement devant, et cela est fait pour qu'il ait une occasion de changer de garde. Et quand celui-ci changera de garde, tu passeras de ta jambe gauche vers son côté droit et feras semblant de lui tirer un *tramazzone* à la tête, mais tu laisseras tomber un *roverso* à la jambe lequel ira en *coda longa e distesa*. Pour te couvrir, tu jetteras ta jambe gauche fortement derrière la droite, et alors tu chasseras une *punta incrociata sopra mano* à la face de l'ennemi puis tu feras une demi-volte avec tes mains de sorte que ton épée ira en *porta di ferro alta*. Là, tu t'arrangeras avec tes bras bien proprement et élégamment autant qu'il est possible.

Septième partie du premier assaut.

Tu sais que dans la partie précédente tu es resté avec ton épée en *porta di ferro alta*, de là il est nécessaire que tu regardes dans quelle garde est ton ennemi, sachant que si lui est dans une garde dont je t'ai parlé au-dessus[7], tu passeras de ta jambe gauche fortement vers son côté droit, et dans ce pas tu lui pousseras une *punta incrociata* par l'extérieur de son épée à son côté droit, avec cette *punta* allant fortement vers la tempe gauche de celui-ci de sorte que par peur de celle-ci il s'ouvrira[8] pour pouvoir la frapper de son *falso* vers le côté droit.

Toi alors voyant cette ouverture, tu lui tireras un *falso dritto* de bas en haut aux mains, passant en tirant ce *falso* de ta jambe droite fortement vers son côté gauche bien proprement. Sans arrêter ce *falso*, tu tailleras un *tramazzone* en passant avec ta jambe gauche vers le côté droit de ton ennemi de sorte qu'une fois ce

---

7   C'est-à-dire les gardes suivantes : *porta di ferro alta*, *porta di ferro stretta*
8   *largare* : élargir, faire de place, s'ouvrir selon le FLORIO

ferro stretta, e li per tuo reparo tu tirerai de uno falso manco fugiendo della tua gamba manca forte de drieto dalla dritta, e li tirerai un poco le tue bracie a te non troppo, & si te assetterai con la spada pure de novo a porta de ferro alta ben polito.

Ottava parte, e con lo falso manco serai agente.

Siche essendo rimaso in la ditta porta di ferro alta, de qui tu trovarai el tuo nimico d'uno falso manco desotto insuso che percuotera forte la Spada sua, e in tale urtare de falso, tu acociarai il pie manco apresso il dritto & acociato che tu haverai il ditto pie manco tu crescerai del dritto forte inanci, & si li tirerai dui mandritti, uno per testa, & laltro per gamba tondi tirara & intrara in guardia de intrare non in largo passo: cioe tu tirerai la gamba dritta apresso della manca con le tue bracie ben distese per lo dritto dello inimico per modo che sel dito inimico te tirasse alle parte desopra, o non te tirasse, tu crescerai della tua gamba manca inverso alle sue parte dritte, & si li darai de uno roverso fendente per la testa ilquale calera in coda longa & alta,

& per tuo reparo tu tirerai la gamba manca apresso alla dritta, e in tal tirare tu andarai con la spada tua in guardia de croce spingiendo forte la ponta de la spada tua in guardia de croce spingiendo forte la ponta della spada tua per lo dritto della facia del nimico non te fermando che tu butti il pie dritto due spanne de drieto dal manco, e in tal buttare tu tirerai de uno falso de sotto insuso de gamba levata per modo che in tirare, de tale falso la gamba manca andara forte de drieto da la dritta, e per questo la tua spada andara in porta di ferro alta, e li te assetterai come altre volte io te ho detto.

tramazzone tiré, ton épée sera tombée en *cinghiara porta di ferro stretta*. Là, pour te couvrir, tu tireras un *falso manco* en fuyant de ta jambe gauche fortement derrière la droite, et tu tireras un peu tes bras à toi, mais pas trop. Ainsi tu t'arrangeras bien avec ton épée de nouveau en *porta di ferro alta* bien proprement.

Huitième partie, et avec le *falso* tu seras agent.

Étant donc resté en *porta di ferro alta*, de là tu trouveras ton ennemi d'un *falso manco* de bas en haut qui percutera fortement son épée, et dans cette frappe, tu placeras le pied gauche près du droit. Ayant placé ce pied gauche, tu avanceras du droit fortement devant et tu lui tireras deux *mandritti tondi*, un à la tête et l'autre à la jambe qui tire et entre en *guardia d'intrare non in largo passo*, c'est-à-dire que tu tireras la jambe droite près de la gauche avec tes bras bien tendus droit vers l'ennemi. De sorte que si cet ennemi te tire à la partie supérieure, ou même s'il ne tire pas, tu avanceras de ta jambe gauche vers son côté droit et tu lui donneras un *roverso fendente* à la tête, lequel tombera en *coda longa e alta*.

Pour te couvrir, tu tireras la jambe gauche près de la droite et dans ce pas tu iras avec ton épée en *guardia di croce* en poussant fortement la pointe de ton épée droit au visage de l'ennemi. Sans t'arrêter, tu jetteras le pied droit deux empans derrière le gauche, et dans ce pas tu tireras un *falso de gamba levata* de bas en haut, de telle sorte que dans ce *falso* la jambe gauche aille fortement derrière la droite, et par cela ton épée ira en *porta di ferro alta*. Là, tu t'arrangeras comme les autres fois je te l'ai dit.

Seguita la nona parte laquale declara in che guardia tu hai a trovare el tuo nimico.

Bisogna che essendo tu rimaso in porta di ferro alta come disopra dissi le da considerare, e vedere in che guardia e il tuo inimico perche volendo tu fare quisti feriri liquali trovarai qui in questa parte scritta bisogna che tu lo trovi anchora lui in la ditta porta di ferro come te, & atrovandolo in questa guardia sopraditta tu li cacierai de una ponta incrosata per la facia de fora dalla spada sua dal suo lato dritto cressendo incaciare de ditta ponta della tua gamba manca forte inverso alle parte dritte del nimico non te fermando che tu passi della gamba dritta forte inanci e discroserai le bracie tue per modo che tu serai di sopra dalla spada del tuo nimico & a uno tempo medesimo tu li segarai de uno dritto traversato per la gola o in la facia e uno tramazon insieme fugiendo la tua gamba drita uno gran passo forte de drieto da la manca per modo che in tirare de ditto tramazon la spada tua acalera in cinghiara porta di ferro stretta,

& alhora essendo tu in la ditta cinghiara porta de ferro stretta el tuo nimico te tirasse de botta alcuna da alto o da basso tu passerai della tua gamba dritta forte inanci, & in tale passare tu urterai del falso della spada tua in la botta che tirera il tuo inimico infora verso le sue parte manche, & si li segarai de uno dritto sgualembrato per la facia che non passara porta de ferro larga acompagnato con uno tramazon, e deli sil tuo nimico te respondesse per testa, dritto, o roverso, tu tirerai la gamba dritta apresso alla manca, e li parerai in guardia de facia, e fatto che tu haverai il ditto parato tu passarai della tua gamba manca forte verso alle parte dritte delo nimico, e si li darai de uno Roverso fendente in su la testa per modo che la spada tua acalera in coda longa & alta,

e per tuo riparo tu tirerai la gamba manca apresso alla dritta, & si andarai con la spada in guardia de croce spingiendo forte la ponta della spada tua in la facia del nimico, e andato che tu serai

Suit la neuvième partie, laquelle décrit dans quelle garde tu dois trouver ton ennemi.

Il est nécessaire qu'étant resté en *porta di ferro alta* comme je disais ci-dessus que tu doives considérer et voir dans quelle garde est ton ennemi. Parce que voulant faire ces frappes que tu trouveras décrites dans cette partie, il est nécessaire qu'alors tu le trouves dans cette *porta di ferro alta* comme toi. Le trouvant dans cette garde, tu lui chasseras une *punta incrociata* à la face par l'extérieur de son épée à son côté droit en avançant dans cette frappe de ta jambe gauche fortement vers le côté droit de l'ennemi. Sans t'arrêter, tu passeras de la jambe droite fortement devant et décroiseras tes bras de sorte que tu seras par-dessus l'épée de ton ennemi. Et dans un même temps, tu lui tailleras un *mandritto traversato* à la gorge ou à la face avec un *tramazzone*, fuyant de ta jambe droite d'un grand pas fortement derrière la gauche de sorte qu'en tirant ce *tramazzone* ton épée tombera en *cinghiara porta di ferro stretta*.

Puis étant dans cette garde et ton ennemi te tirant une botte quelconque en haut ou en bas, tu passeras de ta jambe droite fortement devant et dans ce pas tu frapperas du *falso* de ton épée vers l'extérieur vers son côté gauche dans la botte qu'il te tire, puis tu lui tailleras un *mandritto sgualembrato* à la face accompagné d'un *tramazzone* qui ne dépassera pas la *porta di ferro larga*. De là, si ton ennemi te répond à la tête d'un *mandritto* ou d'un *roverso*, tu tireras la jambe droite près de la gauche et tu pareras en *guardia di faccia*. Ayant fait cette parade, tu passeras de ta jambe gauche fortement vers le côté droit de ton ennemi et tu lui donneras un *roverso fendente* à la tête de sorte que ton épée tombera en *coda longa e alta*.

Pour te couvrir, tu tireras la jambe gauche près de la droite et tu iras avec l'épée en *guardia di croce* en poussant fortement la pointe de ton épée dans le visage de l'ennemi. Une fois arrivé

in la ditta guardia de croce, tu butterai due spanne la gamba dritta de drieto dalla manca, e si tirerai de uno falso desotto insuso de gamba levata per le mane del sopraditto, per modo che intrare de ditto falso la gamba manca andara forte de drieto dalla dritta, e li tassetterai in porta di ferro alta ben polito.

Decima & ultima parte che tratta de la belicion e finicion del primo assalto.

Sapendo tu che rimanisti in porta di ferro alta, de qui le di bisogno che tu abelissi il gioco : cioe tu andarai de porta di ferro in guardia di consentire con la tua gamba dritta fugiendo de drieto da la manca, e li farai volta drita tirando la gamba manca apresso de la dritta, e volta manca che andara in guardia de intrare in largo passo : cioe la tua gamba manca tu la butterai da uno lato : cioe dal tuo lato manco polito con il tuo bracio molto ben disteso verso del tuo inimico, e la mano manca sera forte alta disopra dalla tua testa, e la ponta della Spada tua sera al dritto della mano del tuo inimico,

hora guarda che essendo andato tra consentire, e voltegiare in guardia de intrare in largo passo de qui trovando il tuo inimico in porta di ferro alta, o vero stretta tu li caciarai una ponta sopra mano incrosiata : cioe le tue bracie insieme che anderanno per la facia del nimico di dentro verso al suo lato dritto sentendo chel filo suo dritto sia acompagnato con el filo falso della spada tua alhora lui per paura della ditta ponta incrosiata urtera la spada tua con il suo filo dritto infuoro inverso alle tue parte dritte, e tu vedendo tale urtare, tu li lassarai andare d'uno megio mandritto per la sua gamba dritta : cioe buttando intrare tal mandritto la tua gamba manca per traverso verso alle tue parte manche non te fermando della ditta spada che tu li traghi de uno roverso sgualembrato dalle sue parte dritte, e in tirare tale Roverso, la tua gamba dritta seguira la manca per didrieto.

dans cette *guardia di croce*, tu jetteras ta jambe droite deux empans derrière la gauche et tireras un *falso de gamba levata* de bas en haut aux mains de celui-ci de sorte que dans cette frappe, ta jambe gauche aille fortement derrière la droite. Là, tu t'arrangeras en *porta di ferro alta* bien proprement.

Dixième et dernière partie qui traite de l'embellissement et de la fin du premier assaut.

Sachant que tu es resté en *porta di ferro alta*, de là il est nécessaire que tu embellisses le jeu : c'est-à-dire que tu iras de la *porta di ferro* en *guardia di consentire* avec ta jambe droite fuyant derrière la gauche. Là, tu feras une *volta dritta* en tirant la jambe gauche près de la droite, et une *volta manca* qui ira en *guardia d'intrare in largo passo*, c'est-à-dire que tu jetteras ta jambe gauche à ton côté gauche, proprement, avec tes bras bien tendus vers ton ennemi, ta main gauche élevée fortement par-dessus ta tête et la pointe de ton épée sera à droite des mains de ton ennemi.

Maintenant, regarde qu'étant allé par la *consentire* et les voltes en *guardia d'intrare in largo passo*, de là trouvant ton ennemi en *porta di ferro alta* ou *stretta*, tu lui chasseras une *punta sopra mano incrociata*, c'est-à-dire avec tes bras allant ensemble à la face de l'ennemi à l'intérieur vers son côté droit, comprends que son droit fil est accompagné par le faux fil de ton épée. Alors lui par peur de cette *punta* frappera ton épée avec son droit fil vers l'extérieur vers ton côté droit. Toi voyant cette frappe, tu lui laisseras aller un *mezzo mandritto* à sa jambe droite, c'est-à-dire en jetant dans ce coup ta jambe gauche de travers vers ton côté gauche. Sans arrêter ton épée, tu lui tailleras un *roverso sgualembrato* à son côté droit, et dans cette frappe ta jambe droite suivra la gauche par-derrière.

E per tuo riparo tu farai, fugi e cruove per modo che la tua spada sera andata in cinghiara porta di ferro alta, adonque de qui tu tornerai indrieto da gioco buttando la gamba manca de drieto da la dritta imbradirai la spada in guardia di testa, & di guardia di testa tu trarrai uno mandritto che andera in guardia dispala fugiendo intrare de tale mandritto la gamba destra de drieto dalla sinistra e li farai volta dritta tirando la gamba sinistra apresso alla destra, e poi farai volta mancha buttando la ditta gamba sinistra inanci uno gran passo, e li lassarai andare la spada tua con la ponta in terra in guardia di piede ela mano mancha disopra insul pomo & in uno medesimo tempo tu metterai il pie destro appresso la ponta del sinistro : cioe il garetto, e li tassetterai con la mano tua dritta in su el galon dritto; e aquesto modo tu serai tornato da gioco indrieto.

Pour te couvrir, tu feras *fugie e cruve*, de sorte que ton épée aille en *cinghiara porta di ferro alta*. Donc, de là, tu retourneras le jeu en arrière : en jetant ta jambe gauche derrière la droite tu amèneras l'épée en *guardia di testa* et de cette garde tu tireras un *mandritto* qui ira en *guardia di spalla* en fuyant dans cette frappe de la jambe droite derrière la gauche. Puis tu feras une *volta dritta* en tirant la jambe gauche près de la droite et une *volta manca* en jetant cette jambe gauche devant dans un grand pas. Là, tu laisseras aller la pointe de ton épée par terre en *guardia di piede* avec la main gauche par-dessus le pommeau, et dans un même temps tu mettras le pied droit près de la pointe du pied gauche, c'est-à-dire au talon. Là, tu t'arrangeras avec ta main droite sur la hanche droite, et de cette façon tu auras retourné le jeu en arrière.

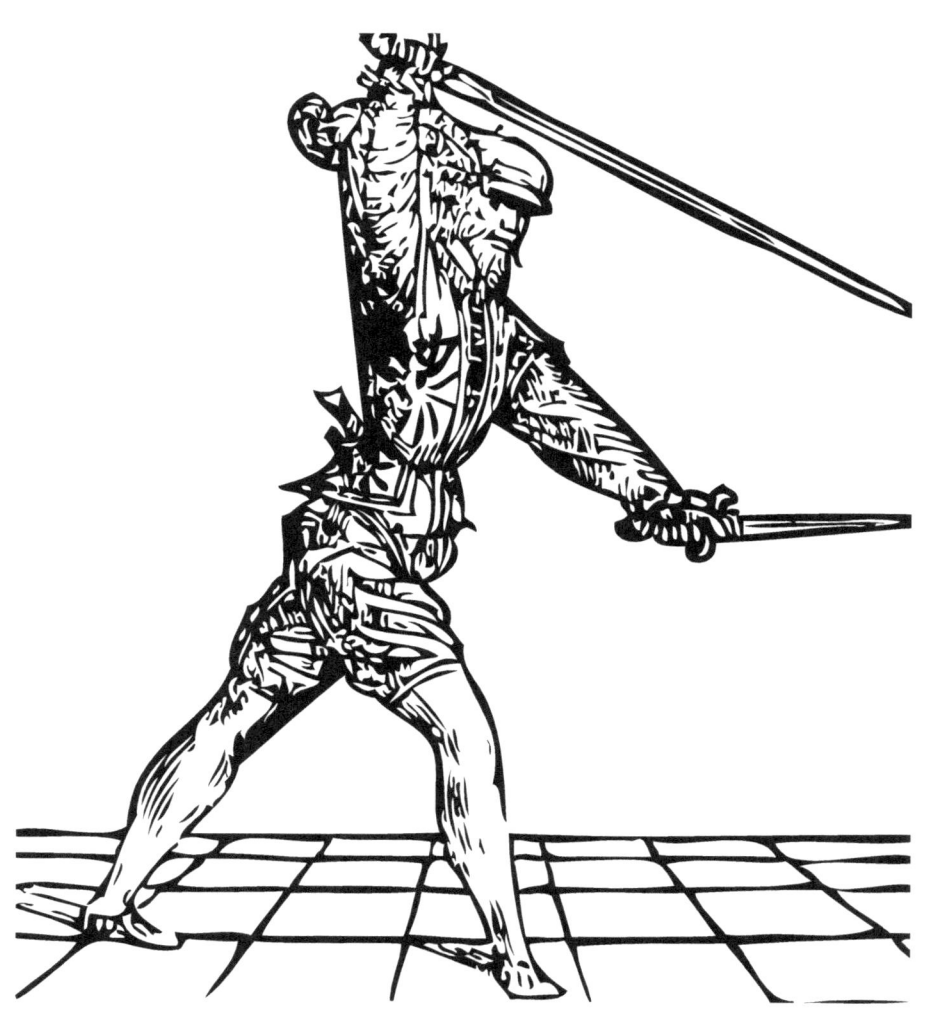

Il potrebe essere quelche persone che si maravigliarebeno a trovare questa figura in questo loco : nota che io fatto, perche laltre figure fano solo une guardia, & questa ne fa due : cioe cinghiara porta fi derro stretta, e becha cesa, & hola posta qua in la difinitione de questo primo asalto, per dispartire insieme luno da laltro.

Il pourrait être quelques personnes qui s'émerveilleront de trouver cette illustration à cette place : note que je l'ai fait parce que les autres illustrations montrent une seule garde alors que celle-ci en montre deux qui sont la *cinghiara porta di ferro stretta*, et la *becha cesa*. Et je mets cela à la fin de ce premier assaut pour le départager du suivant.

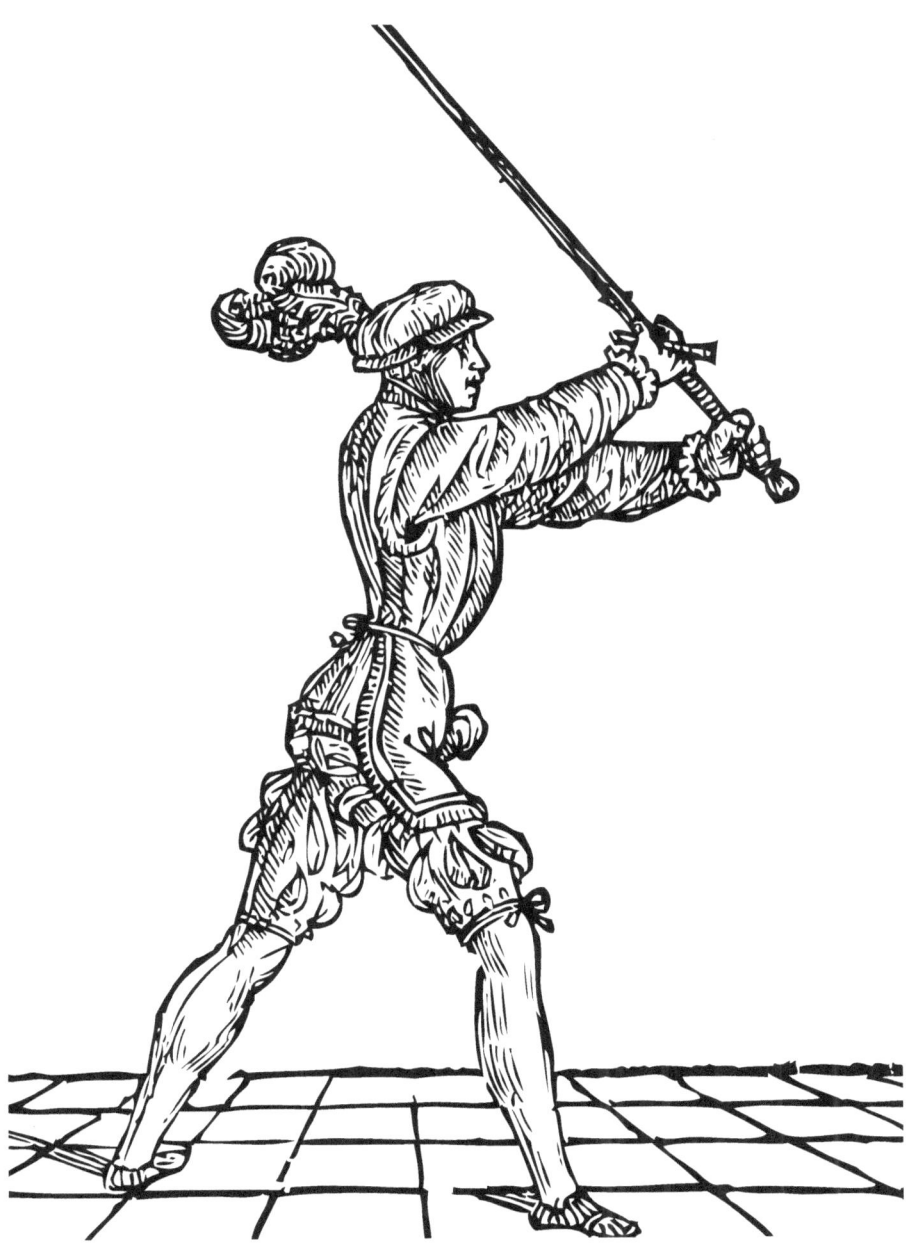

Cap. 162. Documento del secondo assalto.

Adonque se ben hai guardato in le ditte parte del ditto primo assalto lequale sono state partite di gioco largo. Ma sono cose perfette per dare principio a uno scholare che voglia imparare del ditto gioco largo, ma se el fusse alcuno che volesse imparare del stretto, e del largo pagandote tu li tramegerai di queste strette & prese de spada che tu troverai qui in questo libro lequali strette e prese seranno in lultimo assalto, e sappi che trameggiando li strette & prese di spada con el gioco largo, eglie una grande utilitade alli scholari perche quasi sempre dal naturale giocando li scholari luno con laltro viene alle prese.

Siche verbi gratia mettiamo che li sieno dui giocatori che giochino insieme e uno habia imparato solamente de gioco largo, et laltro habia imparato di largo e stretto, e quello ilquale non havera imparato se non de largo fugira per tutta la schola ma guarda bene che quello che havera imparato de largo & de stretto caciara el sopradito per tutto, si che questo io te conforto a dire alli tuoi scholari che debiano imparare de tramendui li ditti giochi insieme per sua utilitade se alloro non li grava el pagamento perche sapendo tu che di gioco largo a spada contra spada da due mane, io li toglio lire sette di bolognini, & de giocho stretto pure a spada contra spada, e contra armi in astate io gli toglio altre tante che sono in tutto lire quatordici de bolognini,

ma per il presente non diro piu oltre perche il mi conviene dare principio alla prima parte del secondo assalto pure de spada da due mane, e metterolle insieme in questo secondo assalto, il gioco stretto con el largo perche in tel principio se gli fusse alchuno che volesse imparare di tramendui insieme tu linsegnerai questo ditto secondo assalto de priegio, io tel componero qui desotto in questo come tu potrai vedere linfrascritto ordine.

Chap. 162. Documentant le second assaut.

Donc tu as bien vu que les parties de ce premier assaut concernent le jeu large et elles sont une chose parfaite à donner au début à un élève qui veut apprendre de ce jeu large. Mais si certains veulent apprendre le jeu rapproché et le large, en te payant, tu leur incluras de ces estrettes et prises d'épées que tu trouveras ici dans ce livre, lesquelles estrettes et prises seront dans le dernier assaut. Et sache qu'inclure les estrettes et les prises d'épée avec le jeu large est d'une grande utilité aux élèves parce que par nature presque toujours les élèves en jouant l'un contre l'autre en viennent aux prises.

Par exemple, mettons qu'ils soient deux joueurs qui jouent ensemble, qu'un ait seulement appris le jeu large, mais l'autre le jeu large et le rapproché, celui qui n'aura appris que le large fuira dans toute l'école, et regarde bien que celui qui aura appris le large et le rapproché chassera celui-ci partout. Donc par cela, je t'invite à dire à tous les élèves qu'ils doivent apprendre les deux jeux ensemble pour leur utilité si le paiement ne leur est pas fâcheux. Parce que toi tu sais que pour le jeu large de l'épée contre l'épée à deux mains, je lui prends sept lires de Bologne, et que pour le jeu rapproché, aussi de l'épée contre l'épée et contre les armes d'hast, j'en prends tout autant, ce qui fait en tout quatorze lires de Bologne.

Mais pour l'instant je ne dirai rien d'autre parce qu'il me convient de donner le début de la première partie du second assaut qui est aussi pour l'épée à deux mains. Et je vais mettre ensemble dans ce second assaut le jeu rapproché avec le large parce qu'au début s'il en est certains qui veulent apprendre de ces deux jeux ensemble, tu leur enseigneras ce second assaut de valeur que je te compose ci-dessous, comme tu pourras le voir écrit par la suite.

Cap. 163. Del secondo assalto elquale tratta de gioco largo e stretto insieme.

Sappi che prima diremo della prima partita del ditto secondo assalto ilquale sera diece parte tra gioco stretto, e largo, ma inanci che tu sia in tale principio le dibisogno che tu vadi a gioco per atrovare el nimico per quello modo e forma che a te parera, per insino che tu serai apresso del nimico essendo arrivato apresso del sopraditto, tu te metterai in guardia de testa, & alhora tu comencerai la prima partita del ditto secondo assalta : cioe tu farai uno falso dritto, e uno manco insieme, e poi passa del pie dritto inanci, & tirali de uno mandritto tondo per gamba, che tiri, e intri in guardia de intrare non in largo passo,

ma alhora sel tuo inimico te tirasse per testa, o per gamba, areparate con el tuo filo dritto della spada, e poi passa del pie mancho inverso alle sue parte destre, e farai vista de roverso di megia spada, e tirali de uno mandritto redoppio de megia spada con il pie dritto passando verso le sue parte manche, e de fatto tirali de uno roverso de megia spada con la tua gamba dittra fugiendo de drieto la manca, & poi te repara con uno mandritto tondo fugiendo che tiri e intri in guardia di intrare in largo passo.

Seconda parte in questa sara agente con lo mandritto per gamba.

Adonque essendo tu rimaso in la prima parte del ditto secondo assalto in guardia de intrare in largo passo de qui voglio che tu trovi el tuo inimico, con uno mandritto tondo per gamba, passando con la tua gamba dritta inanci che tiri e intri. Ma in quello intrare tu passerai per traverso con la tua gamba mancha in largo passo non te fermando niente che tu li spingie de una ponta, laquale nasca de sotto insuso per la sua tempia dritta, e fa che la tua spada sia desopra di quella del nimico con le tue mane alquanto incrosiate, e con le tue bracie distese, e la tua gamba dritta in quel tempo inanci passando per

Cap 163 : Le second assaut, lequel traite du jeu large et rapproché ensemble.

Sache d'abord que je parle de la première partie de ce second assaut, lequel sera en dix parties, entre le jeu rapproché et le large. Mais avant que tu commences, il est nécessaire que tu ailles au jeu pour trouver ton ennemi par un moyen et une forme qu'il te plaira pour qu'au final tu arrives près de celui-ci. Étant donc arrivé près de lui, tu te mettras en *guardia di testa* et tu commenceras la première partie de ce second assaut, c'est-à-dire que tu feras un *falso dritto* avec un *manco* et tu passeras ensuite du pied droit devant et lui tireras un *mandritto tondo* à la jambe qui tire et entre en *guardia d'intrare non in largo passo*.

Si alors ton ennemi te tire à la tête ou à la jambe, tu te couvriras avec le droit fil de l'épée puis tu passeras du pied gauche vers son côté droit et feras semblant de lui tirer *roverso* de la mi-épée, mais tu lui tireras un *mandritto redoppio* de la mi-épée avec le pied droit passant vers son côté gauche. Cela fait, tu lui tireras un *roverso* de la mi-épée avec ta jambe droite fuyant derrière la gauche. Puis en fuyant, tu te couvriras avec un *mandritto tondo* qui tire et entre en *guardia d'intrare in largo passo*.

Seconde partie dans laquelle tu seras agent avec le *mandritto* à la jambe.

Étant donc resté dans la première partie de ce second assaut en *guardia d'intrare in largo passo*, de là je veux que tu trouves ton ennemi avec un *mandritto tondo* à la jambe qui tire et entre en passant avec ta jambe droite devant. Et dans cette entrée tu passeras d'un pas large de travers avec ta jambe gauche. Sans t'arrêter aucunement, tu lui pousseras une *punta* qui ira de bas en haut à la tempe droite et tu feras que ton épée soit au-dessus de celle de l'ennemi avec tes mains un peu croisées et tes bras tendus, avec dans ce temps ta jambe droite qui passera devant. De sorte qu'alors par peur de cette *punta*, celui-ci lèvera ses bras.

modo che alhora per paura della ditta ponta alcera le bracie, el sopraditto alhora voglio che in tale alciare tu li traghi de uno mandritto tondo per la tempia sua mancha retrasendo con lo ditto pie dritto inanci, e con la tua gamba mancha, a la dritta per de drieto incrosiando,

& se alhora el tuo inimico te respondesse de botta alchuna tu te reparerai tragando de uno tramazon con la tua gamba mancha fugiendo indrieto per traverso : cioe dalle parte dritte del nimico, e in quello fugire la tua gamba dritta fugira de drieto dala mancha squasi come incrosata, e la tua spada sera calata in cinghiara porta de ferro stretta non te fermando che tu passi della tua gamba dritta inanci, e tralli in tal passare de uno tramazonzello che acali in porta di ferro stretta.

Ma se alhora il tuo inimico te respondesse de botta alcuna tu te reparerai fugiendo con la tua gamba dritta indrieto in largo passo, e la tua spada se andara in guardia de intrare, de fatto tu li desnoderai de uno roverso che andera in coda longa, e distesa che tornera in guardia de croce non te movendo dil pie mancho dinanci del dritto, ma il dritto seguira el sinistro per de drito, & per tuo parato tu butterai la tua gamba mancha de drieto alla dritta in tale buttare tu dicrocerai le tue bracie & si te assetterai in porta di ferro alta con le tue bracie & gambe ben polite.

Tertia parte, e qui andarai in guardia de intrare con lo falso mancho.

Si che essendo rimaso in porta di ferro alta, tu troverai il tuo inimico con uno falso mancho che andara in guardia de intrare buttando intrare de ditto falso la tua gamba mancha in large passo : cioe in traverso verso le parte dritte del tuo inimico : ma guarda bene che essendo in la guardia sopra ditta de intrare in largo passo, el tuo inimico fusse in porta di ferro alta voglio che tu passi uno gran passo dil tuo pie dritto forte inanci, e in questo passare tu cacerai una ponta incrosiata : cioe

Ainsi, quand il les lèvera, je veux que tu lui tailles un *mandritto tondo* à sa tempe gauche en ramenant ce pied droit de devant et croisant ta jambe gauche par-derrière la droite.

Si alors ton ennemi te répond d'une botte quelconque, tu te couvriras en tirant un *tramazzone* en fuyant de ta jambe gauche derrière et de travers, c'est-à-dire du côté droit de l'ennemi. Et dans cette fuite, ta jambe droite fuira par-derrière la gauche, presque croisée, et ton épée sera tombée en *cinghiara porta di ferro stretta*. Sans t'arrêter, tu passeras de ta jambe droite devant et lui tailleras dans ce pas un *tramazzoncello* qui tombera en *porta di ferro stretta*.

Si alors ton ennemi te répond avec une botte quelconque, tu te couvriras en fuyant d'un large pas avec ta jambe droite en arrière, et ton épée ira en *guardia d'intrare*. Cela fait, tu lui tireras un *roverso* qui ira en *coda longa e distesa* et qui retournera en *guardia di croce* sans bouger le pied gauche de devant le droit, mais le droit suivra le gauche par-derrière. Pour te couvrir tu jetteras ta jambe gauche derrière la droite et dans ce déplacement tu décroiseras tes bras et alors tu t'arrangeras en *porta di ferro alta* avec tes bras et tes jambes bien proprement.

Troisième partie : et là tu iras en *guardia d'intrare* **avec le** *falso manco*.

Donc étant resté en *porta di ferro alta*, tu trouveras ton ennemi avec un *falso manco* qui va en *guardia d'intrare*, jetant en frappant ce *falso* ta jambe gauche dans un pas large, c'est-à-dire de travers vers le côté droit de ton ennemi. Et regarde bien qu'étant dans cette *guardia d'intrare in largo passo* et ton ennemi étant en *porta di ferro alta*, je veux que tu passes du pied droit d'un grand pas fortement devant et dans ce pas tu chasseras une *punta incrociata*, c'est-à-dire que le *falso* de ton

el falso della spada tua andara scontro il filo dritto della spada del tuo inimico, per disopra verso el lato sinistro del nimico,

alhora per paura della ditta ponta incrosata, el sopraditto alcera le bracia per parare col suo filo dritto in tale alciare tu passarai de uno gran passo forte inverso alle sue parte dritte per desotto dalla spada sua con la tua testa, e si li metterai el filo della spada tua in tel suo bracio dritto per desotto, e in questo mettere de filo se domanda uno redoppio mandritto, o tu butterai la tua mano mancha in tel suo bracio dritto, e si li farai una presa e fatto che tu haverai la ditta presa, tu li darai del pomo della spada in la facia, o vorrai darli del taglio in su la testa drieto,

ma presto per tuo reparo tu butterai la tua gamba manca de drieto dalla dritta & ital buttare tu li darai de uno fendente in su la testa per modo che la tua spada acalera in porta di ferro larga, e qui te assetterai ben polito e atillato con le tue bracie e gambe per lo dritto del tuo nimico.

Farai in questa quarta parte la botta doppia.

Tu sai che in nella tertia parte tu rimanisti in porta di ferro larga, adonque de qui voglio che tu faci la botta doppia : cioe atrovando il tuo nimico a porta di ferro, o alta, o stretta, de qui atrovandolo in la ditta porta di ferro voglio che tu li urti de uno falso forte in la spada sua acociando in tale urtare la gamba tua manca alla dritta per de drieto non te fermando che tu li tiri de uno mandritto tondo per gamba, o per testa passando intrare de tale mandritto con la gamba dritta forte inanci e quel mandritto tondo andara in guardia de gombito & le tue bracie seranno incrosiate & de li tu non te fermerai che tu li tirerai de uno roverso sgualembrato passando della tua gamba mancha forte verso le sue parte dritte, e quel roverso intrara e tornera in guardia de croce driciando la ponta della tua spada in la facia al tuo nimico

épée ira contre le droit fil de l'épée de ton ennemi, par-dessus, vers son côté gauche.

Alors par peur de cette *punta incrociata*, celui-ci lèvera ses bras pour parer avec son droit fil et dans cette parade tu passeras d'un grand pas fortement vers son côté droit par-dessous son épée avec ta tête et lui mettras le fil de ton épée dans son bras droit par en dessous, cette frappe se nomme un *mandritto redoppio*. Ou bien, tu jetteras ta main gauche dans son bras droit et lui feras une prise. Et ayant fait cette prise, tu lui donneras du pommeau de l'épée dans la face, ou alors tu lui donneras un coup de taille[9] à la tête.

Rapidement pour te couvrir, tu jetteras ta jambe gauche derrière la droite et dans ce pas tu lui donneras un *fendente* à la tête de sorte que ton épée tombera en *porta di ferro larga*. Là, tu t'arrangeras bien proprement et fermement avec tes jambes et tes bras droit vers ton ennemi.

Tu feras la botte double dans cette quatrième partie.

Tu sais que dans la troisième partie tu es resté en *porta di ferro larga*, donc je veux que de là tu fasses la botte double, c'est-à-dire que trouvant ton ennemi en *porta di ferro alta* ou *stretta*, je veux que tu lui frappes un *falso* fortement dans son épée en plaçant dans cette frappe ta jambe gauche derrière la droite. Sans t'arrêter tu lui tireras un *mandritto tondo* à la jambe ou à la tête en passant dans cette frappe avec ta jambe droite fortement devant, et ce *mandritto tondo* ira en *guardia di gombito* et tes bras seront croisés. De là, sans t'arrêter, tu lui tireras un *roverso sgualembrato* en passant de ta jambe gauche fortement vers son côté droit, et ce *roverso* entrera et retournera en *guardia di croce* en dirigeant la pointe de ton épée dans la face de ton ennemi.

9   *del taglio* : littéralement « du taillant »

& si alhora lui te respondesse per testa tu te reparerai con uno falso fugiendo della tua gamba manca forte de drieto dalla dritta, e la tua spada andara in guardia de becha possa, non te fermando in la ditta becha posa, non te fermando in la ditta becha posa che tu tragha de uno falso mancho fermo del ditto pie dritto inanci, el ditto falso manco andara in porta di ferro alta, & li te assetterai ben polito, e galante quanto sia possibile.

In questa quinta parte tu abelirai el gioco.

Hora essendo tu rimaso con la spada in porta di ferro alta, voglio che de qui tu abelissi il gioco : cioe tu farai una volta dritta tirando il pie dritto apresso del manco, e poi farai volta manca e butterai il pie manco verso le parte dritte del nimico : cioe in largo passo in guardia de intrare, e fatto che tu haverai la ditta volta mancha, tu desnoderai uno roverso sgualembrato che acalera in coda longa e distesa, e la gamba dritta intirare de tale roverso seguira la manca per de drieto,

alhora sel tuo nimico te respondesse de botta alcuna, tu te reparerai con fugie, e cruove pure aretornando la spada tua poi in la ditta coda longa, e distesa perche se tu trovasse il tuo nimico in porta di ferro tu li farai una botta de giocho stretto, cioe tu lo atasterai prima de uno falso dritto desotto insuso per le man del nimico non te movendo de gamba alchuna per questo respetto se lui non se movesse per el falso ditto, voglio che tu passi uno gran passo della tua gamba dritta inanci, e fara in tal passare vista de tornare de novo del ditto falso dritto, & fallacierai una ponta in falso impuntata che andara a trovore forte le parte manche del sopraditto, ma guarda ben che quando tu fallacirai tale punta bisogna che tu la fallaci per difuora dal suo lato dritto cioe de sopra della spada sua a falso per falso. Ma per cason che tu haverai caciato tanto forte la punta della spada tua dal suo lato manco tu li darai de uno segato in la facia,

Et si ensuite il te répond à la tête, tu te couvriras avec un *falso* en fuyant de ta jambe gauche fortement derrière la droite, et ton épée ira en garde de *becha possa*. Sans t'arrêter dans cette *becha possa*, tu tailleras un *falso manco* sans bouger le pied droit devant, et ce *falso manco* ira en *porta di ferro alta*. Là tu t'arrangeras bien proprement et élégamment autant qu'il soit possible.

Tu embelliras le jeu dans cette cinquième partie.

Étant resté avec l'épée en *porta di ferro alta*, je veux que de là tu embellisses le jeu : c'est-à-dire que tu feras une *volta dritta* en tirant le pied droit près du gauche, puis tu feras une *volta manca* et jetteras le pied gauche vers le côté droit de l'ennemi, c'est-à-dire en *guardia d'intrare in largo passo*. Et ayant fait cette *volta manca*, tu donneras un *roverso sgualembrato* qui tombera en *coda longa e distesa*, et dans cette frappe la jambe droite suivra la gauche par-derrière.

Si ton ennemi te répond alors par une botte quelconque, tu te couvriras avec *fugie e cruve* en retournant bien avec ton épée ensuite dans cette *coda longa e distesa* parce que si tu trouves ton ennemi en *porta di ferro* tu lui feras une botte du jeu rapproché. C'est-à-dire que tu le testeras en premier d'un *falso dritto* de bas en haut à ses mains sans bouger aucunement les jambes. Et à cet égard, si lui ne se déplace pas pour ce *falso dritto*, je veux que tu passes d'un grand pas de ta jambe droite devant et tu feras dans ce pas semblant de lui retourner à nouveau ce *falso dritto*, et tu tromperas avec une *punta in falso impuntata* qui ira trouver fortement le côté gauche de celui-ci. Et regarde bien que quand tu tromperas avec cette *punta* qu'il sera nécessaire que tu la fasses par l'extérieur à son côté droit, c'est-à-dire par-dessus son épée à *falso* contre *falso*. Et comme tu auras chassé bien fortement la pointe de ton épée vers son côté gauche, tu lui donneras une entaille[10] dans la face.

10   *Segato* : participe passé du verbe *segare* signifiant scier

ma sappi che se lui vorra urtare in foro non porta, per che lui medesimo se la battera in lo collo, ma se pure per sagacita sua o per saper lui la urtasse in fuora dal suo lato dritto alhora tu li darai de uno roverso in la sua gamba dritta, elquale roverso non passara coda longa e stretta,

e alhora tu per tuo riparo tirerai la gamba dritta apresso alla sinistra, e li parerai in guardia de intrare, non in largo passo, e parato che tu haverai presto la ditta botta, tu li tirerai de uno Roverso impuntato che non passara guardia de croce con la tua gamba sinistra, passando forte inverso alle sue parte dritte, e fatto che tu haverai el ditto roverso impuntato per tuo riparo tu butterai la tua gamba sinistra uno gran passo de drieto dala dritta & si li desnodarai in tal buttare de uno fendente dritto, che acalera in porta di ferro larga, e li tassetterai molto bene galante, e polito.

Seguita la sesta parte per andare in guardia de consentire.

Ma per arecordarte che in la quinta parte del ditto secondo assalto, tu romanisti in porta di ferro larga adonque tu consentirai la spada in guardia de consentire, buttando la tua gamba dritta de drieto dala sinistra, e poi te nanderai in guardia de testa galegiando el gioco per infino a tanto che tu trovi el tuo nimico in porta di ferro alta, & trovandolo in la ditta porta di ferro alta, tu ti li acosterai anchora tu in questa medesima guardia chel sera lui per modo che presto tu li spingierai una punta incrosiata per defuora dal suo lato dritto tocando il falso della spada sua con el tuo filo dritto, ma guarda bene che quando tu spingierai tale punta bisogna che tu passi forte della tua gamba manca inanci verso le parte dritte del nimico, e faciendo che la gamba dritta seguita la mancha per de drieto, ma sappi che lui per paura della ditta ponta discoprira tutte le sue bande manche,

alhora tu vedendo el ditto discoperto tu butterai la tua mano mancha per desotto dalato dentro de tramedoi le spade, & si aviluperai, el ditto bracio tuo mancho atorno alla sua spada per

Et sache que si lui veut frapper vers l'extérieur, il ne le pourra point, car il se mettra ta lame dans son cou. Mais si par sa sagesse ou par son savoir, il la frappe vers l'extérieur à son côté droit, alors tu lui donneras un *roverso* à sa jambe droite, lequel ne dépassera pas la *coda longa e stretta*.

Ensuite pour te couvrir, tu tireras la jambe droite près de la gauche et là tu pareras en *guardia d'intrare non in largo passo*. Ayant paré rapidement cette botte, tu lui tireras un *roverso impuntato* qui ne dépassera pas la *guardia di croce* en passant fortement avec la jambe gauche vers son côté droit. Et ayant fait ce *roverso impuntato*, pour te couvrir tu jetteras ta jambe gauche d'un grand pas derrière la droite et tu lui donneras dans ce pas un *mandritto fendente* qui tombera en *porta di ferro larga*. Là tu t'arrangeras bien élégamment et proprement.

S'ensuit la sixième partie pour aller en *guardia di consentire*.

Tu te souviens que dans la cinquième partie de ce second assaut tu es resté en *porta di ferro larga*, donc tu consentiras l'épée en *guardia di consentire* en jetant ta jambe droite derrière la gauche, puis tu iras en *guardia di testa* en embellissant le jeu pour que finalement tu trouves ton ennemi en *porta di ferro alta*. Le trouvant dans cette *porta di ferro alta*, tu t'approcheras aussi dans cette même garde de sorte que rapidement tu lui pousseras une *punta incrociata* par l'extérieur à son côté droit, touchant le *falso* de son épée avec ton droit fil. Et regarde bien que quand tu pousseras cette *punta* qu'il sera nécessaire que tu passes fortement de ta jambe gauche devant vers son côté droit en faisant que la jambe droite suive la gauche par-derrière. Et sache que lui par peur de cette *punta* se découvrira tout son côté gauche.

Alors toi voyant cette ouverture, tu jetteras ta main gauche par en dessous du côté intérieur entre les deux épées et tu envelopperas ton bras gauche autour de son épée par-dessus, et

desopra, & dara la volta la ditta mano tua mancha tanto che piglierai lelce della spada sua, e potrali dare poi de quello che ate parera. Ma preponiamo che lui non aspettasse la ditta presa, che nel spingere che tu farai la ditta tua ponta, che lui fugiesse, alhora tu fugiendo lui, tu butterai il pie dritto forte verso le sue parte manche, & si li desnoderai dui mandritti tondi, el primo mandritto andara per la facia acociando la gamba mancha de drieto alla dritta un poco incrosiata, & laltro mandritto andara per gamba cressando pure della ditta gamba dritta inanci,

e fa che per tuo reparo lultimo mandritto tiri e intri in guardia de intrare, buttando la tua gamba dritta indrieto in largo passo non te fermando che tu torni inanci della ditta gamba dritta, e tirando uno roverso trivillato, che tiri, e intri, e torni indrieto al luoco suo la gamba dritta : cioe in largo passo, e in guardia de intrare come prima, e li te assetterai ben polito, e le tue bracie ben distese verso el nimico.

Settima parte in questa abelirai con lo roverso il gioco :

Hora essendo rimaso in la sesta parte del ditto secondo assalto in guardia de intrare in largo passo, adonque abellisse il gioco, cioe tira uno roverso in guardia di testa, tirando la tua gamba mancha apresso alla dritta, & a uno tempo tornando la spada in guardia de croce, & de li fa la volta mancha che vada in guardia de intrare con la tua gamba dritta fugiendo, e qui farai uno falso mancho che vada in guardia alta con la tua gamba dritta fugiendo, e subito va in guardia di testa, e fa uno falso dritto che vada in guardia de intrare, & deli presto atrova el tuo inimico con uno mandritto tondo per gamba, ma fa che quello mandritto per tuo reparo tira, e intri passando con la tua gamba mancha in largo passo verso la parte dritta del nimico,

e presto cacia una ponta al sopraditto che nascha de sotto insuso con la tua gamba dritta passando forte inanci, e laqual ponta sia sopra della spada del ditto inimico, & a uno tempo desnodali de

tu feras un tour avec ta main gauche de sorte que tu prendras la garde de son épée. Et tu pourras lui donner ensuite de ce qu'il te plaira. Mais supposons que lui n'attende pas jusqu'à cette prise et qu'il s'enfuit dans ton attaque de *punta*, alors lui te fuyant, tu jetteras le pied droit vers son côté gauche et lui donneras deux *mandritti tondi*, le premier *mandritto* ira à la face en plaçant la jambe gauche un peu croisée derrière la droite, et l'autre *mandritto* ira à la jambe en avançant bien cette jambe droite devant.

Pour te couvrir, fais que ce dernier *mandritto* tire et entre dans la *guardia d'intrare* en jetant ta jambe droite en arrière dans un large pas. Sans t'arrêter, tu retourneras en avant de cette jambe droite en tirant un *roverso trivillato* qui tire et entre, et tu ramèneras la jambe droite en arrière à sa place, c'est-à-dire dans un pas large et en *guardia d'intrare* comme au début. Là, tu t'arrangeras bien proprement avec tes bras bien tendus vers l'ennemi.

Septième partie dans laquelle tu embelliras le jeu avec le *roverso*.

Maintenant, étant resté dans la sixième partie de ce second assaut en *guardia d'intrare in largo passo*, alors tu embelliras le jeu, c'est-à-dire que tu tireras un *roverso* en *guardia di testa* en tirant ta jambe gauche près de la droite et en retournant avec l'épée en *guardia di croce* dans un temps. Et de là, tu feras une *volta manca* qui ira en *guardia d'intrare* en fuyant avec ta jambe droite. Puis tu feras un *falso manco* qui ira en *guardia alta* en fuyant avec ta jambe droite, et aussitôt tu iras en *guardia di testa* et feras un *falso dritto* qui ira en *guardia d'intrare*. De là, rapidement tu trouveras ton ennemi avec un *mandritto tondo* à la jambe, mais fais pour te couvrir que ce *mandritto* tire et entre en passant avec ta jambe gauche d'un pas large vers le côté droit de l'ennemi.

Rapidement, tu chasseras une *punta* à celui-ci, laquelle ira de bas en haut avec la jambe droite passant fortement devant, et cette *punta* sera faite par-dessus l'épée de l'ennemi. Puis dans

uno mandritto tondo che non passi guardia de facia de megia spada con la tua gamba mancha apresso alla dritta un poco incrosiata, e li butta la tua mano mancha sel taspetta a megio della spada tua, a modo de spada in armi, e fondali la spada sua a terra passando in tal pigliare, e a fondare della tua gamba mancha inanci, e afondato che tu li harai la ditta sua Spada, tu li segarai de uno roverso per la facia, o per lo collo, fugiendo in tale segare per tuo reparo la gamba mancha forte de drieto dalla dritta, e li piglierai la spada tua con la mano mancha, e si serai tornato pure in guardia de facia,

ma sel non taspettasse subito desnodali uno altro mandritto tondo ilquale vada a calare alla gamba per modo che tu acali in cinghiara porta de ferro stretta, & qui atrovalo con la medesima ponta, e mandritto se a te parera avisandote che in questo punto non potra devedarte che tu non faci el ditto mandritto, e se tu non volesse fare la ditta ponta con el mandritto tu lo atrovarai con uno tramazonzello che acalara in porta de ferro stretta, passando in tal tirare della tua gamba dritta inanci, e non de ponta,

& alhora sel tuo nimico te tresse de botta alcuna, tu te reparerai con spingiere, e intra con la tua gamba mancha passando a uno tempo del ditto spingiere, e si li darai uno calcio in lo stomacho con el tuo pie dritto, & a uno tempo tira el roverso de megia spada che vada in guardia distesa con la tua gamba dritta fugiendo, e po presto te repara fugiendo la tua gamba mancha e dritta, e tira uno mandritto tondo, che tiri, e intri, non te fermando che tu li tiri de uno roverso trivillato che torni in la ditta guardia de intrare in largo passo.

Ottava parte del seconda assalto.

Adonque essendo rimaso in la settima parte del precedente in guardia de intrare in largo passo, le dibisogno che tu acali la spada tua in coda longa, e larga, & de qui tu troverai el tuo inimico con el falso del mandritto con lo tramazon de becha

un temps tu lui donneras un *mandritto tondo* qui ne dépassera pas la *guardia di faccia* de la mi-épée avec la jambe gauche un peu croisée auprès de la droite. Là s'il t'attend, tu jetteras ta main gauche au milieu de ton épée à la façon de la *spada in armi*, et tu appuieras son épée par terre en passant dans cette prise de ta jambe gauche devant. Et ayant appuyé sur son épée, tu lui tailleras un *roverso* à la face ou au cou en fuyant de la jambe gauche fortement derrière la droite dans cette frappe pour te couvrir. Là, tu prendras ton épée avec la main gauche et tu seras bien retourné en *guardia di faccia*.

Mais s'il ne t'attend pas, aussitôt tu lui donneras un autre *mandritto tondo* qui tombera aux jambes de sorte que tu tomberas en *cinghiara porta di ferro stretta*. Là, tu le trouveras avec la même *punta* et le *mandritto* si cela te plaît. Je t'informe ici qu'il ne pourra pas empêcher que tu fasses ce *mandritto*. Et si tu ne veux pas faire cette *punta* avec le *mandritto*, tu le trouveras avec un *tramazzoncello* qui tombera en *porta di ferro stretta* en passant dans cette frappe de ta jambe droite devant.

Si alors ton ennemi te tire une botte quelconque, tu te couvriras en poussant et tu entreras en passant avec ta jambe gauche dans le temps de cette poussée, tu lui donneras alors un coup de pied dans l'estomac avec ton pied droit et dans un temps tu tireras un *roverso* de la mi-épée qui ira en *guardia distesa* en fuyant de la jambe droite. Puis rapidement tu te couvriras en fuyant de ta jambe gauche et de ta droite, et tu tireras un *mandritto tondo* qui tire et entre. Sans t'arrêter, tu lui tireras un *roverso trivillato* qui retournera dans cette *guardia d'intrare in largo passo*.

Huitième partie du second assaut.

Étant donc resté dans la septième partie qui précède en *guardia d'intrare in largo passo*, il est nécessaire que tu fasses tomber ton épée en *coda longa e larga*. De là, tu trouveras ton ennemi avec le *falso* du *mandritto*, avec le *tramazzone* de la *becha*

possa, e con lo redoppio de spada, e con lo mandritto tondo intrente insieme. Ma sel tuo nimico te respondesse drieto a reparate con fugire, e refugi, tirando uno roverso trivillato che tiri, e intri in largo passo,

& de qui tu abelirai il gioco : cioe con falsegiare perche el nimico habia casione de atrovarte con qualche parte, e tu presto aritornando in guardia de testa, ma sel tuo inimico te tirasse areparate con lo megio tempo, e presto atrovalo con uno roverso che vada in guardia di testa che accali, e monti in Guardia de spalla, e presto per tuo reparo tu tirerai uno mandritto che andara in guardia de facia, ma presto a trova el tuo inimico con uno tramazonzello dritto, che accali in porta di ferro stretta. Ma sel tuo inimico te tirasse de botta alcuna areparate con fugire della gamba dritta in aiera sopra alla mancha, e presto buttala al luoco suo, e tirali el tramazonzello de roverso che accali in coda longa e stretta,

ma presto se lui te tirasse areparati con spingiere una ponta sopra mano che intri in la facia del nimico fugiendo in tale spingiere la gamba dritta in drieto, e presto cresce della ditta gamba dritta, e atrova el nimico con uno roverso trivillato che tiri e intri con la ponta impuntata che acali in porta di ferro larga, e alhora sel sopraditto te tirasse de botta alcuna, tu te areparerai con elza e tira edesnoda uno mandritto per gamba, o voi segare per facia :

ma sel nimico te trovasse ti con la ponta el mandritto de spada come in questo vederai, el modo che io voglio che tu tienghi: cioe quando lui spingiera la ditta ponta, o de pie dritto, o del manco per de fuora dal tuo lato dritto tu camuffarai la spada tua per desotto dalla sua e metteralo lui dallato de dentro, e in quello mettere tu li caciarai una ponta in falso in la facia desopra dalla spada sua dal suo lato mancho buttando un pocho la tua gamba dritta per traverso verso le tue parte dritte, e se aquesto modo tu farai, el non potra tirare el suo mandritto piu presto tu

possa, avec le *redoppio* de l'épée et avec le *mandritto tondo* entrant. Si ensuite ton ennemi te répond, tu te couvriras en fuyant, et tu t'enfuiras à nouveau en tirant un *roverso trivillato* qui tire et qui entre dans un pas large.

De là tu embelliras le jeu, c'est-à-dire avec des tromperies pour que l'ennemi ait l'occasion de te trouver de n'importe quel côté, et toi tu retourneras rapidement en *guardia di testa*. Et si ton ennemi t'attaque, tu te couvriras avec le demi-temps et tu le trouveras rapidement avec un *roverso* qui ira en *guardia di testa*, qui tombera et montera en *guardia di spalla*. Rapidement pour te couvrir tu tireras un *mandritto* qui ira en *guardia di faccia*, et promptement tu trouveras ton ennemi avec un *mandritto tramazzoncello* qui tombera en *porta di ferro stretta*. Et si ton ennemi te tire une botte quelconque, tu te couvriras en ramenant la jambe droite en l'air par-dessus la gauche et prestement tu la rejetteras à sa place et lui tireras le *roverso tramazzoncello* qui tombera en *coda longa e stretta*.

Et rapidement s'il t'attaque, tu te couvriras en poussant une *punta sopra mano* qui entrera dans la face de l'ennemi en fuyant dans cette frappe de la jambe droite derrière. Et promptement tu avanceras de cette jambe droite et trouveras l'ennemi avec un *roverso trivillato* qui tire et entre avec une *punta impuntata* qui tombera en *porta di ferro larga*. Alors si celui-ci te tire une botte quelconque, tu te couvriras avec *elza et tira* et donneras un *mandritto* à la jambe ou bien tu entailleras au visage.

Mais si l'ennemi te trouve avec la *punta* et le *mandritto* de l'épée, tu verras ici la façon dont je veux que tu te défendes, c'est-à-dire que quand il poussera cette *punta*, du pied droit ou du pied gauche, par l'extérieur à ton côté droit, tu camoufleras ton épée par-dessous la sienne et tu la lui mettras par le côté intérieur. Et dans ce mouvement, tu lui chasseras une *punta in falso* dans la face par-dessus son épée à son côté gauche en jetant un peu ta jambe droite de travers vers ton côté droit. Et en faisant de cette façon, le plus promptement tu lui donneras dans la face, le moins

li darai a lui in la facia al sopraditto, e presto per tuo riparo fugi e refugi e torna in la ditta porta di ferro stretta con le tue bracie ben distese per lo dritto del nimico.

Trattase qui della nona parte.

Hora essendo rimaso in porta di ferro stretta, de qui tu tirerai la gamba dritta apresso della sinistra e montarai con la spada tua in guardia de intrare non in largo passo, ma fa che la mano mancha tua sia forte alta, e la spada destesa forte al inanze verso el tuo nimico presto de qui tu passerai della tua gamba mancha inverso alle parte dritte del nimico, e farai in tal passare vista de uno roverso, e tirarli de uno mandritto tondo per gamba passando intrare di tale mandritto della tua gamba dritta verso le parte manche del nimico, e fa che il ditto mandritto per tuo riparo tiri e intri tornando la gamba dritta in drieto in largo passo non te fermando della ditta spada che tu traghi de uno falso mancho de sotto insuso per le mani del sopraditto, e presto fatto el ditto falso tu abellirai, e galegerai il gioco : cioe prima tu farai volta dritta tirando la gamba mancha apresso della dritta, e farai volta mancha buttando la gamba mancha in traverso in largo passo verso le parte dritte del nimico,

e de qui tu trovarai, el ditto con uno roverso de guardia destesa che montara in guardia de croce buttando la gamba dritta alla mancha per de drieto, e poi fa vista de uno tramacion per testa, e a trovalo con uno mandritto tondo per gamba passando inanci con la tua gamba dritta, e fa che per tuo reparo quello mandritto tiri, e intri, e torni la ditta gamba dritta indrieto in largo passo, e presto de li della ditta guardia de intrare tu tirerai uno falso mancho che se fermerai in cinghiara porta di ferro alta,

alhora sel tuo nimico te tirasse de botta alcuna, tu te areparerai urtando con el falso della spada tua desotto insuso, e tirarli de uno falso dritto buttando la tua gamba dritta verso le parte

il pourra tirer son *mandritto*. Puis rapidement pour te couvrir, tu fuiras et fuiras à nouveau, et retourneras dans cette *porta di ferro stretta*, avec tes bras bien tendus droit vers l'ennemi.

Je traite ici de la neuvième partie.

Maintenant, étant resté en *porta di ferro stretta*, de là tu tireras la jambe droite près de la gauche et monteras avec ton épée en *guardia d'intrare non in largo passo*, et fais que ta main gauche soit très haute et l'épée fortement tendue en avant vers ton ennemi. Rapidement de là tu passeras de ta jambe gauche vers le côté droit de l'ennemi et dans ce pas tu feras semblant d'un *roverso* et lui tireras un *mandritto tondo* à la jambe, passant en tirant ce *mandritto* de ta jambe droite vers le côté gauche de l'ennemi. Et pour te couvrir fais que ce mandritto tire et entre en retournant la jambe droite en arrière dans un large pas. Sans arrêter ton épée, tu tailleras un *falso manco* de bas en haut aux mains de celui-ci, et aussitôt ce *falso* fait, tu embelliras le jeu, c'est-à-dire qu'en premier tu feras une *volta dritta* en tirant la jambe gauche auprès de la droite et tu feras un *volta manca* en jetant la jambe gauche dans un large pas de travers vers le côté droit de l'ennemi.

De là, tu trouveras celui-ci avec un *roverso* de *guardia distesa* qui montera en *guardia di croce* en jetant la jambe droite par derrière la gauche. Tu feras ensuite semblant d'un *tramazzone* à la tête et tu le trouveras avec un *mandritto tondo* à la jambe en passant devant avec ta jambe droite. Et pour te couvrir fais que ce *mandritto* tire et entre, et retourne cette jambe droite derrière dans un large pas. Puis prestement, de cette *guardia d'intrare*, tu tireras un *falso manco* qui se terminera en *cinghiara porta di ferro alta*.

Alors si ton ennemi te tire une botte quelconque, tu te couvriras en frappant avec le *falso* de ton épée de bas en haut et lui tireras un *falso dritto* en jetant ta jambe droite vers son côté gauche,

manche del nimico, e la tua spada monti in guardia de intrare non in largo passo, e presto te repara fugiendo la tua gamba dritta e mancha, e va in guardia di testa, e li atrovalo con dui mandritti tondi, el primo non passara guardia de facia, con la tua gamba dritta buttandoti inverso el lato mancho del sopraditto, e la mancha tu la incrosierai alla dritta per de drieto,

e se per paura el se dislongasse da ti el tuo inimico, alhora trovalo con laltro mandritto, faciando vista de darli in la testa, ma tirali per le gambe a modo uno segare, ma fa che la spada tua acali in cinghiara porta di ferro con la tua gamba mancha passande per traverso verso le parte dritte del nimico non te fermando che tu li traghi de uno tramazoncello che acali in porta de ferro larga, e subito te repara tragandoti lui con uno falso de sotto insuso che vada in guardia alta con la tua gamba dritta fugiendo, e tira uno mandritto che acali in cinghiara porta di ferro stretta, e subito passa della gamba dritta verso le sue parte manche, e farai vista de tirarli de uno megio mandritto per facia, e alhora lui de rasione alciera la spada sua per respetto del ditto megio mandritto, e tu alhora vedendo questo atrovalo con lo roverso trivillato : cioe passa con lo pie mancho per traverso dallato suo dritto, e alhora tira el ditto roverso trivillato con la tua gamba dritta forte passando inanci, e tira e intri con la ponta impuntata come fai per tuo reparo per modo che la spada tua sera andata in guardia de intrare non in largo passo,

e de li tu la lasserai cascare in porta di ferro alta non movendo ne pie ne gambe salvo che la mancha, tu la butterai indrieto, perche ogni volta che la tua spada tira e intri non in largo passo le dibisogno che tu tiri la gamba dritta apresso della mancha, e per questo respetto volendo andare con la spada tua in porta di ferro le necessario abuttare adonque la mancha de drieto dalla dritta, siche io te facio avertito qui in questo luoco per tutto li altri, e non te dismenticare questo punto sopraditto.

et ton épée montera en *guardia d'intrare non in largo passo*. Rapidement tu te couvriras en fuyant de ta jambe droite et de ta gauche en allant en *guardia di testa*. Là, tu le trouveras avec deux *mandritti tondi*, avec le premier ne dépassant pas la *guardia di faccia*, en jetant ta jambe droite vers le côté gauche de celui-ci et tu croiseras la gauche par derrière la droite.

Et si par peur ton ennemi s'éloigne de toi, alors tu le trouveras avec l'autre *mandritto* en faisant semblant de le lui donner à la tête mais en le tirant à la jambe, à la façon d'une entaille. Et fait que ton épée tombe en *cinghiara porta di ferro* en passant de ta jambe gauche de travers vers le côté droit de l'ennemi. Sans t'arrêter, tu lui tireras un *tramazzoncello* qui tombera en *porta de ferro larga* et aussitôt tu te couvriras en lui tirant un *falso* de bas en haut qui va en *guardia alta* en fuyant avec ta jambe droite. Puis tu tireras un *mandritto* qui tombera en *cinghiara porta di ferro stretta* et aussitôt tu passeras de la jambe droite vers son côté gauche et tu feras semblant de lui tirer un *mezzo mandritto* à la face. Alors, de raison, il lèvera son épée à cause de ce *mezzo mandritto*, et toi voyant cela, tu le trouveras avec le *roverso trivillato*, c'est-à-dire que tu passeras avec le pied gauche de travers vers son côté droit et alors tu tireras ce *roverso trivillato* en passant fortement de ta jambe droite devant. Puis tu tireras et entreras avec la *punta impuntata* comme tu fais pour te couvrir, de sorte que ton épée ira en *guardia d'intrare non in largo passo*.

De là, tu la laisseras tomber en *porta di ferra alta* sans bouger ni les pieds ni les jambes, excepté que tu jetteras la jambe gauche en arrière parce que chaque fois que ton épée tire mais n'entre pas dans un pas large, il sera nécessaire que tu tires la jambe droite auprès de la gauche. Et par cette raison, si tu veux aller avec ton épée en *porta di ferro*, il te sera donc nécessaire de jeter ta jambe gauche derrière la droite. Ainsi je t'informe ici pour toutes les autres fois, donc n'oublies pas ce point ci-dessus.

Decima & ultima parte del secondo assalto.

Hora guarda che in questa ultima parte del ditto secondo assalto io te li mettero uno amaestramento che ogni volta che tu serai in guardia de intrare in largo passo, & uno fusse in porta di ferro alta tu lo puoi andare atrovare con questi feriti liquali tu vederai qui desotto, securamente adonque quando tu ta troverai in la ditta guardia de intrare in largo passo, & uno fusse in porta di ferro alta, tu puoi atrovarlo con uno falso mancho impuntato passando del pie drieto forte inanci, e come el nimico alciara per venire a filo falso con filo falso, alhora caciate inance con la tua gamba mancha inverso la sua parte sinistra, e incrosia le bracia per modo che la ponta della spada tua vada verso lafacia dallato suo dritto, e lui per paura coprira la ditta parte dritta, ma la mancha descoprira alhora tu tirali dui mandritti con la tua gamba dritta passando forte verso le sue parte sinistre.

Anchora, essendo tu in la ditta guardia de intrare, el nimico fusse in la ditta porta di ferro alta, tu lo puoi atrovare con una ponta, laquale nasca di sotto insuso, e vada in la facia sua dritta sentendo che tu passi sempre del pie dritto per infino che non dico altro, acio chel falso suo vegna contra al tuo, alhora tu li farai uno mandritto tondo intrente, ma fache quando tu farai tale mandritto che passi inanci con la tua gamba mancha, perche le piu atta de fare la presa, e cosi el roverso de megia spada, ma sel fugiesse in lo tirare del tuo mandritto seguilo per le gambe con laltro mandritto passando inanci della tua gamba dritta.

Essendo tu in la ditta guardia de intrare, el nimico fusse in porta di ferro alta, alhora mostra de fare uno falso mancho impuntato, ma come lui alciara per volere vegnire a filo falso con filo falso, alhora tu fallacia in la spada sua con la tua ponta, e caciandola dal suo lato mancho sopra filo dritto con filo dritto, e alhora per paura lui coprira il ditto suo ato sinistro e tu subito butterai la tua gamba mancha forte sotto al nimico, e tralli uno redoppio mandritto per le sue bracie, e urta del elzetto picolo forte in la spada sua in dentro, e trali de uno roverso desquilo buttando la

Dixième et dernière partie du second assaut.

Maintenant, regarde que dans cette dernière partie de ce second assaut je te mettrai une démonstration pour chaque fois où tu seras en *guardia d'intrare in largo passo* et lui en *porta di ferro alta*. Tu pourras ainsi aller le trouver avec ces frappes que tu verras ci-dessous. Assurément donc, quand tu te trouveras dans cette *guardia d'intrare in largo passo* et que lui sera en *porta di ferro alta*, tu pourras le trouver avec un *falso manco impuntato* en passant fortement du pied droit devant, et quand l'ennemi lèvera son épée pour venir à *falso* contre *falso*, alors tu chasseras en avant avec ta jambe gauche vers son côté gauche et tu croiseras les bras de sorte que la pointe de ton épée aille vers le côté droit de sa face. Ainsi par peur, il couvrira son côté droit et se découvrira le gauche, et tu lui tireras alors deux *mandritti* en passant avec ta jambe droite fortement vers son côté gauche.

Egalement, toi étant dans cette *guardia d'intrare* et l'ennemi dans cette *porta di ferro alta*, tu peux le trouver avec une *punta* qui va de bas en haut et à la droite de sa face, comprends que tu passes toujours du pied droit parce que je ne le te redirai pas à nouveau. De sorte que quand son *falso* viendra contre le tien, tu lui feras un *mandritto tondo* entrant. Mais fais que quand tu tireras ce *mandritto* que tu passes de ta jambe gauche devant parce qu'ainsi tu seras plus apte pour faire la prise et aussi le *roverso* de mi-épée. Mais s'il s'enfuit dans la frappe de ton *mandritto*, tu le suivras aux jambes avec un autre *mandritto* en passant devant de ta jambe droite.

Toi étant dans cette *guardia d'intrare* et l'ennemi en *porta di ferro alta*, alors montre lui que tu veux faire un *falso manco impuntato*. Et quand il lèvera son épée pour venir à faux fil contre faux fil, alors tu tromperas avec ta pointe dans son épée et tu la chasseras à son côté gauche par-dessus à droit fil contre droit fil. Alors lui par peur se couvrira son côté gauche et toi aussitôt tu jetteras ta jambe gauche fortement sous l'ennemi et lui tireras un *mandritto redoppio* à ses bras. Puis tu frapperas des petits quillons fortement dans son épée dans l'intérieur, et tailleras

tua gamba dritta forte alla mancha de drieto, per modo che tu li voltarai squasi le spalle.

Essendo in la ditta guardia de intrare el nimico fusse in porta di ferro alta, fa che tu desnodi uno mandritto in cinghiara porta di ferro, e li farai el becha possa in la facia del nimico dal suo lato dritto come lalza lui tira el tuo pie dritto apresso del tuo mancho, & col mancho passa inanci e tira e redoppio roverso dal suo lato dritto, eli poi fare presa se ate parera,

anchora se tu fusse in la ditta guardia de intrare el tuo nimicho fusse in la ditta porta di ferro alta alhora tu passarai forte inanci, e tra uno falso mancho che perchota forte la spada del nimico esubito tra uno roverso trivillato che tiri e intri in la ditta guardia de intrare.

Essendo pure in questa medesima ditta guardia de intrare e lui fusse in la sopra ditta porta di ferro alta caciate forte inanci con la tua gamba drita, e tra uno falso mancho che vada in guardia de facia, e urtando forte in la spada del nimico, e deli li tirerai per la facia con la tua gamba mancha incrosiata alla tua dritta per de drieto, e alhora trali dui mandritti, e fa che lultimo torni in la ditta guardia de intrare in largo passo.

Adonque, essendo pure in la ditta guardia de intrare el sopra ditto lui fusse in porta di ferro alta, come te ho detto, alhora atrovalo con uno falso filo mancho che vada in guardia alta, e subito tirali de uno roverso che vadi in guardia distesa con lo tuo pie dritto, e mancho passando, e cosi puoi fare questa medesima botta con la tua gamba dritta, incrosiando alla mancha con la quale mancha cressando, e deli tu puoi tirare el medesimo roverso de guardia distesa,

e qui con el nome de dio finiremo el secondo assalto senza altro tornare da gioco indrieto.

QUI FINITO EL SECONDO ASSALTO DE GIOCO LARGO E DELLO STRETTO

un *roverso* forré[11] en jetant ta jambe droite fortement derrière la gauche de sorte que tu lui tourneras presque les épaules.

Étant dans cette *guardia d'intrare* et l'ennemi en *porta di ferro alta*, délivre-lui un *mandritto* en *cinghiara porta di ferro* et là tu fais la *becha possa* dans la face de l'ennemi à son côté droit. Quand il lèvera, tu tireras ton pied droit près du gauche et avec ce dernier tu passeras devant et tireras un *roverso redoppio* à son côté droit, puis tu lui feras une prise si cela te plaît.

Également si tu es dans cette *guardia d'intrare* et que ton ennemi est dans la *porta di ferro alta*, alors tu passeras fortement devant et tireras un *falso manco* qui percutera fortement l'épée de l'ennemi. Aussitôt tu tireras un *roverso trivillato* qui tire et entre dans cette *guardia d'intrare*.

Étant bien dans cette *guardia d'intrare* et ton ennemi dans cette *porta di ferro alta*, tu chasseras fortement devant avec ta jambe droite et tireras un *falso manco* qui va en *guardia di faccia* en frappant fortement dans l'épée de l'ennemi. De là, tu lui tireras à sa face en croisant ta jambe gauche par derrière la droite. Tu lui tireras ensuite deux *mandritti* et tu feras que le dernier retourne dans cette *guardia d'intrare in largo passo*.

Etant donc bien dans cette *guardia d'intrare* et lui dans la *porta di ferro alta* comme je te disais, tu le trouveras alors avec un *falso manco* qui va en *guardia alta* et aussitôt tu lui tireras un *roverso* qui va en *guardia distesa* en passant du pied droit et du gauche. Et tu peux aussi faire cette même botte avec ta jambe droite, en croisant et avançant la gauche, et de là tu pourras tirer le même *roverso* de *guardia distesa*.

Et ici au nom de Dieu nous finirons le second assaut, sans autre retour du jeu en arrière.

ICI EST FINI LE SECOND ASSAUT DU JEU LARGE ET RAPPROCHÉ

---

11   *squillo*: du verbe *squillare* : forer, faire un trou. On retrouve ce terme dans le livre 4 à la pique sans que Marozzo ne donne d'explication dessus.

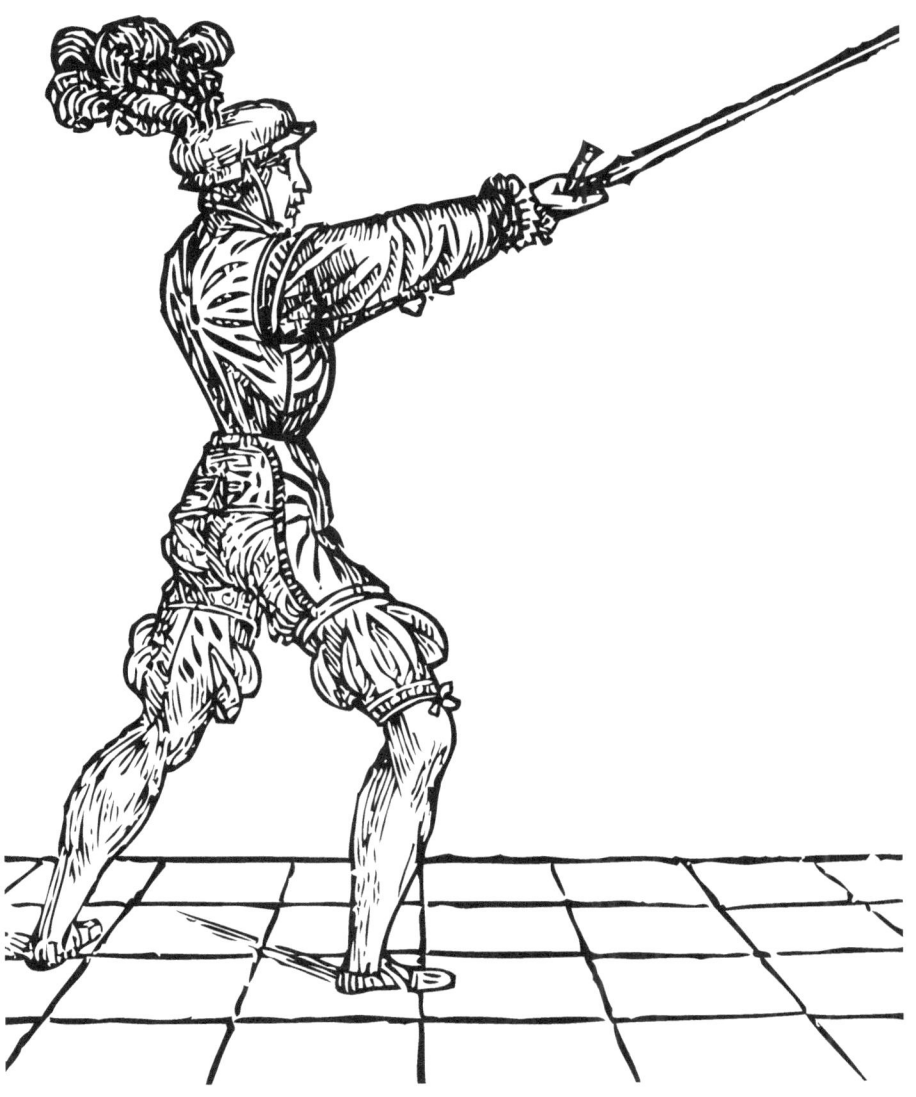

Cap. 164. Seguita el terzo assalto pure de spada da due mane e sono tutte cose de meza spada a filo dritto con filo dritto, e falso con filo falso. Ma prima diremo di filo dritto con filo dritto.

Daremo principio con laiuto di Dio al terzo assalto pure de spada da due mane, e qui in questo ti daro el modo, e la via de intrare, o de usire de larte della megia spada : cioe filo dritto con filo dritto, e filo falso con filo falso, & avisandote che non se po stare alla ditta megia spada se non per questi dui modi sopraditti, e non per piu : cioe filo dritto con filo dritto, e filo falso con filo falso sapendo tu che essendo condutto alla megia spada con lo nimico per qualoncha modo de li ditti dui modi voglio che tu sappi che ciascaduno de voi puo essere agente, cioe el primo a ferire, ma colui ilquale hara piu presto la mano in el ferire alhora quello sera agente, e di precio el piu pigro conviene essere per forza paciente. Ma qui e da considerare che quando tu serai condutto, o con filo dritto, o con filo falso secondo che desopra te e stato notificato perche le altra natura de ferire, e de parare a essere filo dritto con filo dritto che non e ad essere a filo falso con filo falso come qui te diro, el pro, el contra.

Ma prima preponero che tu sia condutto alla ditta megia spada filo dritto con filo dritto, e tu sia agente, el tuo inimico paciente per volerlo offendere dal suo lato dritto io te recordo che per piu, e piu modi tu puoi offendere, el ditto lato suo dritto del nimico. Ma prima tu offenderai, & dapoi con molte prese come a te e stato insegnato, e insegnaro: e come in questo io te faro speciale mencione, ma al presente diro in che modo tu poi offendere el ditto lato suo dritto del sopraditto con botte de megia spada, e li loro nomi senza prese, & dapoi te spacificaro doppo questo le prese de filo dritto con filo dritto

si che nota che tu lo puoi offendere con uno roverso tondo, o voi con uno roverso fendente, o voi con uno roverso redoppio,

Chap. 164. Suit le troisième assaut, aussi sur l'épée à deux mains, avec toutes les choses de la mi-épée à droit fil contre droit fil et à *falso* contre *falso*. Mais en premier, nous parlerons du droit fil contre droit fil.

Avec l'aide de Dieu, je commence le troisième assaut aussi sur l'épée à deux mains, et dans celui-ci je te donnerai les façons et la voie pour entrer ou sortir de l'art de la mi-épée qui se fait à droit fil contre droit fil et à faux fil contre faux fil. Et je t'avise qu'on ne peut pas attendre à la mi-épée sinon que d'une de ces deux façons ci-dessus, c'est-à-dire à droit fil contre droit fil et à faux fil contre faux fil. Ayant été conduit à la mi-épée avec ton ennemi par un quelconque moyen dans l'une de ces deux façons, je veux que tu saches que chacun de vous peut être agent, c'est-à-dire le premier à attaquer, mais c'est celui qui aura les mains les plus rapides dans les frappes qui sera agent. En conséquence, le plus lent sera forcément patient. Ici, il doit être observé comment tu es positionné, soit avec le droit fil, soit avec le *falso* comme je t'en ai informé ci-dessus, parce que la nature des frappes et des parades quand tu es à droit fil contre droit fil n'est pas la même quand tu es à *falso* contre *falso* comme je vais te le dire ici avec les pour et les contres.

En premier, supposons que tu sois conduit à cette mi-épée à droit fil contre droit fil, que tu sois agent et ton ennemi patient, et que tu veuilles l'offenser à son côté droit. Je te rappelle que tu peux alors attaquer le côté droit de l'ennemi de plusieurs façons. D'abord tu attaqueras et ensuite tu feras beaucoup de prises comme il t'a été enseigné et qu'il te sera enseigné et dont je te ferai spécialement mention ici. Mais à présent, je vais dire de quelle façon tu peux attaquer le côté droit de celui-ci avec une botte de la mi-épée et je vais les nommer sans les prises. Ensuite, je te décrirai les prises à droit fil contre droit fil.

Donc note que tu peux offenser avec un *roverso tondo*, ou avec un *roverso fendente,* ou avec un *roverso redoppio*, ou avec un *roverso* à

o voi con uno roverso de atto in tira, o voi con una vista de roverso Per darli de dritto, o voi con uno roverso de spada in armi. Siche tho avisato inquanti modi tu puoi offendere la parte dritta del nimico, essendo voi con le spade dallato mancho : cioe filo dritto con filo dritto.

Ma nota per regola vera, che come tu hai finito uno delli ditti roversi fa che subito, tu desnodi, el mandritto di quella natura che a te parera come qui disotto odirai, e drieto a quello, fa che tu ti parti dalla ditta megia spada con lo roverso trivillato che tiri e intri, e fugie in guardia de intrare in largo passo & de cio non ti dismenticare che con quella parte che tu comencierai con quella te debbi partire, e di precio tu principiasti roverso, e di poi dritto, e poi tirare el roverso, ma presto fuge, e parteti con lo dritto tondo e fugi, e tira e intra, si che nota per sempre mai.

Incomencia la prima stretta de filo dritto con filo dritto.

Hora nota che essendo condutto alla ditta megia spada con el nimico, cioe filo dritto con filo dritto, tu butterai la tua mano manca apresso dello elcetto dinanci, e piglierai tutte due le spade insieme con la ditta mano mancha tua, e la dritta tu la spingierai verso el tuo inimico : Cioe per lo dritto del manico della spada sua, e quello piglierai con la tua mano dritta tenendo forte con el dito grosso della mano tua dritta el manico della tua spada, e con laltra tu piglierai, el ditto manico del sopraditto, e quilli stringerai insieme con la ditta man dritta, e la mancha tignira forte desopra per modo che tu li darai per cossa alla mano sua dritta, e lassare bisognara la spada sua per tale, effetto : Ma guarda che quando tu andarai a fare la ditta presa bisogna che tu passi forte della tua gamba mancha inanci per lo dritto del nimico.

la façon d'un tir, ou bien avec une feinte de *roverso* pour donner un *mandritto*, ou avec un *roverso* de *spada in armi*. Ainsi je t'ai informé de toutes les façons par lesquelles tu peux offenser le côté droit de l'ennemi en étant avec l'épée du côté gauche, c'est-à-dire à droit fil contre droit fil.

Mais note comme règle essentielle que quand tu as fini un de ces *riversi*, tu feras qu'aussitôt tu donneras un *mandritto* de la nature qu'il te plaira comme ci-dessous je dirai, et derrière cela, fais que tu te sortes de cette mi-épée avec le *roverso trivillato* qui tire et entre, et fuit en *guardia d'intrare in largo passo*. Et tu n'oublieras pas cela que du côté où tu commences est le côté avec lequel tu dois partir. De fait, tu commenceras du *roverso* suivi du *mandritto*, puis tu tireras un *roverso* et aussitôt tu fuiras et partiras avec le *mandritto tondo*, et tu fuiras, tireras et entreras, donc prends note pour toujours.

Ici commence la première estrette à droit fil contre droit fil.

Maintenant, note qu'étant conduit à cette mi-épée avec l'ennemi, c'est-à-dire à droit fil contre droit fil, tu jetteras ta main gauche devant près de la petite garde puis tu prendras les deux épées ensemble de cette main gauche et tu pousseras la droite vers ton ennemi : c'est-à-dire droit à la poignée de son épée. Et tu prendras celle-ci avec ta main droite, en tenant fortement la poignée de ton épée avec le pouce de ta main droite et en prenant avec les autres doigts sa poignée. Là, tu les serreras ensemble avec cette main droite en tenant fortement par-dessus avec la gauche que tu lui donneras une percussion à sa main droite, et par cet effet il sera forcé de lâcher son épée. Et regarde bien quand tu feras cette prise qu'il sera nécessaire que tu passes fortement de ta jambe gauche devant droit vers l'ennemi.

Seconda stretta del tertio assalto.

E anchora essendo con el nimico a filo dritto con filo dritto tu urtarai con lelcetto picolo della spada tua inentro in la sua verso le sue parte sinistre, passando in tale urtare della tua gamba mancha verso le parte dritte del nimico, e la dritta gamba seguira la mancha per de drieto, e li piglierai il bracio dritto del ditto tuo inimico, e si li darai del pomo della spada tua in la sua tempia dritta, ma guarda se tu non li volesse fare la ditta presa tu li volterai in tale urtare de uno roverso tondo, o voi fendente insula testa, ma se tu li voltasse el ditto roverso per tuo reparo fugie, e refugie, e descrosa, e incrosa le tue bracie, e se a questo modo farai tu ti partirai dalla ditta megia spada securamente.

Tertia stretta a filo dritto con filo dritto.

A nchora essendo con el nimico a filo dritto con filo dritto tu passarai con la tua gamba mancha inanci verso le sue parte dritte, e farai in tale passare vista de uno roverso tondo per testa, e in fare de ditta vista tu te butterai la tua spada de drieto da le spalle, e piglierai con il tuo bracio dritto la gamba dritta del nimico sentendo che tu cacerai, el ditto bracio tra le sue gambe, e la testa tu la metterai sotto la lasina dritta del nimico per modo che volendo tu, tu tel butterai dalle spalle de drieto, e con la testa el fara uno capo fitto.

Seconde estrette du troisième assaut.

Également, étant avec l'ennemi à droit fil contre droit fil, tu choqueras la petite garde de ton épée dans la sienne vers son côté gauche, en passant dans ce choc de ta jambe gauche vers le côté droit de l'ennemi, et la jambe droite suivra la gauche par-derrière. Là, tu prendras le bras droit de ton ennemi et tu lui donneras du pommeau de ton épée dans sa tempe droite. Mais regarde que si tu ne veux pas lui faire cette prise, tu lui tourneras dans ce choc un *roverso tondo* ou bien un *fendente* dans sa tête. Et si tu lui tournes ce *roverso*, pour te couvrir tu fuiras et refuiras et décroiseras tes bras. Ainsi, si tu fais de cette façon, tu repartiras de la mi-épée en sécurité.

Troisième estrette à droit fil contre droit fil.

Également, étant avec l'ennemi à droit fil contre droit fil, tu passeras de ta jambe gauche devant vers son côté droit et dans ce pas tu feras semblant de donner un *roverso tondo* à la tête. En faisant cette feinte tu jetteras ton épée derrière les épaules et tu prendras avec ton bras droit la jambe droite de l'ennemi, comprends que tu chasseras ce bras droit entre ses jambes et que tu mettras ta tête sous l'aisselle[12] droite de l'ennemi, de sorte qu'en te tournant, tu le jetteras derrière les épaules et il fera un plongeon de la tête[13].

---

12   *lasina* : terme bolonais designant l'aisselle, *lasèina*, selon BERTI
13   *capofitto* : tomber la tête en bas selon le TRECCANI

Quarta stretta a filo dritto.

Ma guarda che ogni volta che uno te volesse fare a ti presa alchuna de gamba habbi avertentia che ogni volta che lui butta via la spada sua per chinarse apigliare quella gamba che tu haverai inanci, e tu presto buttala de drieto uno gran passo da laltra, e trali de uno fendente, o voi darli del pomo della spada tua in su la schina a lui, siche non te dismenticare de fare questo contrario quando el tacadesse.

Quinta stretta a filo dritto.

Hora guarda che essendo con el nimico condutto a filo dritto con filo dritto tu te licargerai forte adosso al sopradito, e questo facio perche lui habia casion de cargar anchora lui verso te : ma alhora vedendo questo tu butterai la tua gamba mancha a traverso della sua dritta per defuora, e in questo tempo medesimo che tu butterai la ditta gamba tu li caciarai el tuo bracio mancho in la gola sotto el mento per dinanci, e li spingierai, el ditto bracio infuora, e la gamba in dentro per modo che tu lo batterai per forcia in terra senza mancare diniente.

Seguita la sexta stretta.

Anchora essendo condutto con el nimico a filo dritto con filo dritto subito come tu li arivi al ditto filo dritto, voglio che tu li daghi del tuo pie manco passando inanci in la sua gamba dritta apresso alla cavichiella, e per questa casion tu li darai cusi basso al suo dispetto lui convera cadere per terra dal lato, o indrieto.

Quatrième estrette à droit fil.

Regarde qu'à chaque fois que quelqu'un voudra te faire une prise quelconque à la jambe, je t'avertis que celui-ci jettera toujours son épée pour s'abaisser et te prendre la jambe que tu auras devant. Alors toi tu la jetteras rapidement derrière l'autre d'un grand pas et tu frapperas un *fendente* ou bien tu lui donneras du pommeau de ton épée dans son dos. Donc n'oublie pas de faire ce contre quand il adviendra.

Cinquième estrette à droit fil.

Maintenant, regarde qu'étant conduit avec l'ennemi à droit fil contre droit fil, tu pousseras fortement contre celui-ci et cela est fait pour qu'il ait une raison de pousser aussi vers toi. Alors voyant cela, tu jetteras ta jambe gauche de travers à l'extérieur de sa droite et dans ce même temps où tu jetteras cette jambe, tu lui chasseras ton bras gauche par devant sous son menton dans sa gorge, et tu pousseras ce bras vers l'extérieur et la jambe vers l'intérieur de sorte que tu le jetteras par terre sans pouvoir manquer.

Suit la sixième estrette.

Également, étant conduit avec l'ennemi à droit fil contre droit fil, aussitôt que tu arriveras à ce droit fil, je veux qu'en passant devant tu lui donnes de ton pied gauche dans sa jambe droite auprès du talon. A cette occasion, tu lui donneras ainsi en bas, et à son dépit cela le fera tomber par terre sur le côté ou en arrière.

Settima stretta a filo dritto per filo dritto.

Ma sappi che essendo con el nimico a filo dritto con filo dritto, voglio che tu te carge forte adosso a lui per lo dritto con le tue bracie ben distese inanci, e questo facio, perche lui habia casion de tirare le sue bracie a se. Ma sappi che tirando lui le ditte brace asse, el discoprira la testa, alhora tu alcera la mano mancha tua alinsuso, & darali del piatto ditto della spada tua in sula testa sua, e se lui alcera le sue bracie alinsuso per coprire la ditta testa alhora tu li spingierai el pomo della spada tua in la facia tra le sue bracie, e piglierai se ate parera con el pomo de la ditta spada, el suo bracio drito per de dentro voltandolo per desopra per modo che lui non se potra movere delle ditte bracie sue & li convera per forcia lassare la spada sua.

Questa e lottava stretta pure al ditto filo dritto.

Essendo condutto con el nimico a filo dritto per filo dritto voglio che tu passi forte della tua gamba manca verso le sue parte dritte, & in tale passare, tu li caciarai, il manico della spada tua in nel collo dal suo lato sinistro non habandonando gia la spada tua dalla sua per modo che tu el tirerai in terra se a ti parera, e se tu non li volesse caciare el ditto manico in lo collo, tu li farai la volta del pomo pure in quello medesimo passare della gamba sinistra, e piglierai con el pomo della spada tua el suo bracio dritto.

Nona stretta in questo medesimo filo dritto ditto disopra.

Ora guarda che essendo condutto con el nimico a filo dritto con filo dritto voglio che tu li tire de uno redoppio roverso desotto insuso per el suo bracio dritto passando in tale tirare della tua gamba manca forte inanci per lo dritto del nimico, ma guarda che quando tu passarai amettere la tua ditta gamba de fuora dalla sua dritta, perche se tu la metti dallato dentro lui te potria fare uno parape, e farebbeti cadere in terra,

Septième estrette à droit fil contre droit fil.

Sache qu'étant avec l'ennemi à droit fil contre droit fil, je veux que tu te pousses fortement contre lui droit avec tes bras bien tendus devant, cela est fait pour qu'il ait une occasion de tirer ses bras vers lui. Sache que lui tirant ses bras vers lui, il se découvrira la tête, alors tu élèveras ta main gauche et tu lui donneras du plat de ton épée dans sa tête. Mais s'il lève ses bras vers le haut pour couvrir sa tête, alors tu lui pousseras le pommeau de l'épée dans la face entre ses bras. Et si cela te plaît, tu prendras son bras droit par l'intérieur avec le pommeau de cette épée, en le tournant par-dessus de sorte qu'il ne puisse plus bouger ses bras. Cela le convaincra par force de laisser son épée.

Ceci est la huitième estrette aussi à ce droit fil.

Étant conduit avec l'ennemi à droit fil contre droit fil, je veux que tu passes fortement de ta jambe gauche vers son côté droit, et dans ce pas tu lui chasseras la poignée de ton épée dans le cou à son côté gauche sans abandonner ton épée de la sienne de sorte que tu le tireras par terre si cela te plaît. Et si tu ne veux pas chasser ta poignée dans son cou, tu lui feras une volte du pommeau dans ce même pas de la jambe gauche, et tu prendras son bras droit avec le pommeau de ton épée.

Neuvième estrette à ce même droit fil dont je parle au-dessus.

Maintenant, regarde qu'étant conduit avec l'ennemi à droit fil contre droit fil, je veux que tu lui tires un *roverso redoppio* de bas en haut à son bras droit, en passant dans cette frappe de ta jambe gauche fortement devant droit vers l'ennemi. Et quand tu passeras, fais attention de bien mettre ta jambe à l'extérieur de sa jambe droite, parce que si tu la mets à l'intérieur, il pourra te faire un parapet et te faire tomber par terre.

e fatto che tu haverai el ditto redoppio, el nimico per paura el vorra affondare, e tu subito butterai la mano tua manca alla sua spada disopra, e desotto dalla tua dallato dentro, e li piglierai la sua e la tua tu la liverai in aiera con la mano tua allora dritta, e darali del pomo in la facia, o vorrai de uno fendente in su la testa, ma habi avertentia che in tel dare che farai del ditto pomo chel non la pigliasse con la sua man manca, el sopraditto la spada tua, e facendo tu questo lui per paura te lassera la sua, e in questo modo tu haverai percosso el tuo inimico.

Qui seguita la decima stretta del medesimo filo.

Anchora essendo con el nimico a filo dritto con filo dritto tu passarai con la tua gamba mancha verso le sue parte dritte, e in questo passare, tu farai vista de tirarli de uno roverso tondo per testa, e butterai la spada tua per desopra dalla tua testa forte inverso le parte dritte del nimico per modo che lui incrosera le bracia sue per parare del ditto roverso, e alhora tu de fatto butterai la mano mancha tua alla mano della spada sua desopra con li nodi allinsuso volti, e la dritta tu la butterai al pomo, o vero al manico tra luna mano, e laltra del sopraditto nimico, & si li darai una storta infuora alingioso con la mano mancha, ma con la dritta tu la storcerai alinsuso al contrario luna da laltra per modo che tu glie laliverai de mano, e non la potra lui tenere per nessuno modo, e a questo modo haverai una spada, el nimico non ne havera niente, e purali dare in su la testa de uno mandritto.

Qui se parla de la xi stretta pure del ditto filo dritto.

Sappi che essendo con el nimico a filo dritto con filo dritto tu passarai con la gamba mancha inanci, e farai vista de tirarli de uno redoppio roverso desotto insuso per le bracie del sopraditto, ma in quel tempo che cascara la spada tua alindrieto tu butterai la tua mano mancha alla spada del nimico per desopra, e con la dritta tu te cacerai la tua sotto la tua lasina mancha, e strengerla forte con la ditta lasina che la non caschi in terra,

Ayant fait ce *redoppio*, par peur l'ennemi voudra plonger, toi aussitôt tu jetteras ta main gauche par-dessus son épée et du côté intérieur par-dessous la tienne, tu prendras alors la sienne et la tienne, tu les lèveras en l'air avec ta main droite, et tu lui donneras du pommeau dans la face ou bien un *fendente* dans la tête. Mais fais attention qu'en donnant ce coup de pommeau qu'il ne te prenne pas ton épée avec sa main gauche. Et toi faisant cela, lui par peur te laissera la sienne et de cette façon tu auras percuté ton ennemi.

Ici suit la dixième estrette à ce même fil.

Également, étant avec l'ennemi à droit fil contre droit fil, tu passeras de ta jambe gauche vers son côté droit et dans ce pas tu feras semblant de lui tirer un *roverso tondo* à la tête et tu jetteras ton épée par-dessus ta tête fortement vers le côté droit de l'ennemi de sorte qu'il croisera ses bras pour parer ce *roverso*. Alors tu jetteras immédiatement ta main gauche par-dessus à sa main d'épée avec les métacarpes tournés vers le haut, et avec ta main droite tu jetteras le pommeau ou la poignée entre les mains de cet ennemi, et tu lui donneras une torsion vers l'extérieur et vers le bas avec la main gauche, mais vers le haut avec la droite, au contraire l'une de l'autre, de sorte que tu la lui enlèveras des mains, car il ne pourra plus la tenir aucunement. De cette façon, tu auras une épée et l'ennemi n'en aura aucune, et tu pourras lui donner un *mandritto* dans sa tête.

Ici je parle de la onzième estrette aussi à droit fil.

Sache qu'étant avec l'ennemi à droit fil contre droit fil, tu passeras avec la jambe gauche devant et tu feras semblant de tirer un *roverso redoppio* de bas en haut au bras de celui-ci, et dans le temps où ton épée tombera en arrière, tu jetteras ta main gauche par-dessus à l'épée de l'ennemi et avec la droite tu chasseras la tienne sous ton aisselle gauche et tu la prendras fortement avec cette aisselle de sorte qu'elle ne tombe pas par terre.

e caciato che tu haverai la ditta tua spada sotto la ditta lasina tu metterai la man dritta al manico della spada del nimico tra luna man e laltra, & si li darai una storta con la mano sinistra alingioso infuora verso le sue parte dritte : e con la dritta tu li darai alinsuso, ma fa che quando tu buterai la ditta mano dritta almanico del nimico fa chel polso della ditta man guardi alinsuso, e se questo modo farai tu li leverai la spada sua de mano, e tu haverai due, e potrai dare di quello che a te parera, e piacera.

Se declara della xii stretta a filo dritto per filo dritto.

Anchora essendo con el nimico a filo dritto con filo dritto, tu passerai della tua gamba manca forte inanci defuora dalla sua gamba dritta non movendo el tuo filo dritto da quello del sopraditto, ma in tal passare presto tu li darai de uno calzo del tuo pie dritto ne li testiculi per modo che per la passione delli ditti el si piegara dal megio insuso a linance, e dal megio in giu el pigara alindrieto, e tu per respetto del ditto pigare, tu li butterai la tua man manca in el bracio suo dritto, o in la spada. Ma fa che in tale pigare la gamba dritta vada forte alla mancha de drieto, e li haverai fatto dui effetti : cioe tu li haverai dato del calzo, e anchora tu li haverai fatto una presa galante.

Se denota della difinitiove de filo dritto con filo dritto.

Essendo ancora con el nimico a filo dritto con filo dritto voglio che tu passi della tua gamba manca uno gran passo inanci mettendo la ditta gamba mancha defuora dalla dritta del nimico, e fa che in tal passare che tu farai che tu incroci forte le tue bracie per modo tale chel falso della spada tua sera con el filo dritto della spada del nimico, e per questo incrosare che tu farai la punta della spada tua andara in la facia sua, e lui per paura della ditta ponta spingira inentro le sue bracie, e tu vedendo subito, tu li butterai el tuo bracio manco per de dentro in nel petto, o in

Ayant chassé ton épée sous cette aisselle, tu mettras ta main droite à la poignée de l'épée de l'ennemi entre ses deux mains et tu lui donneras une torsion avec la main gauche vers le bas par l'extérieur vers son côté droit, et avec la droite tu la lui donneras vers le haut. Et fais que quand tu jetteras cette main droite à la poignée de l'ennemi, que le poignet de cette main regarde vers le haut. Et si tu fais de cette façon tu lui enlèveras son épée des mains et en auras deux, et tu pourras lui donner de ce qu'il te plaira.

Ici, je donne la douzième estrette à droit fil contre droit fil.

Également, étant avec l'ennemi à droit fil contre droit fil, tu passeras de ta jambe gauche fortement devant à l'extérieur de sa jambe droite sans bouger ton droit fil du sien. Et rapidement dans ce pas, tu lui donneras un coup avec ton pied droit dans les testicules de sorte que par la souffrance de celles-ci, il pliera sa moitié haute vers l'avant et sa moitié basse en arrière. Toi par cet effet, tu lui jetteras ta main gauche à son bras droit ou à son épée. Et fais que dans cette prise la jambe droite aille fortement derrière la gauche. Ainsi tu auras eu deux effets, c'est-à-dire que tu lui auras donné un coup de pied et qu'aussi tu lui auras fait une prise élégante.

Je donne la fin du droit fil contre droit fil.

Également, étant avec l'ennemi à droit fil contre droit fil, je veux que tu passes d'un grand pas en avant de ta jambe gauche, en mettant cette jambe gauche à l'extérieur de la droite de l'ennemi, et fais que dans ce pas tu croises fortement les bras de sorte que le *falso* de ton épée sera contre le droit fil de l'épée de l'ennemi, et par ce mouvement que tu auras fait, la pointe de ton épée ira dans sa face. Lui par peur de cette pointe poussera ses bras vers l'intérieur et toi voyant cela, tu lui jetteras aussitôt ton bras gauche par l'intérieur à la poitrine ou à la ceinture en

la cintura desotto dalle sue bracie, e sil spingierai in drieto con el ditto tuo bracio, e per respetto della tua gamba manca che tu haverai buttato defuora dalla sua dritta lui cascara per terra in drietto. Ma preponiamo che costui fusse piu forte de te, tu non li butterai el ditto bracio alla cintura sua tu li butterai la man tua a la spada de dentro via, e si li farai una presa, con la tua spada tu li darai de una ponta in tel petto, o vorrai de uno mandritto in le gambe, e sappi che qui e finito uno bello andare.

QUI SONO FINITE LE PRESE DE FILO DRITTO CON FILO DRITTO DE SPADA DA DUE MANI IDIO SIA SEMPRE LAUDATO ET RINGRATIATO.

Cap. 165. Che parla deili contrarii de filo dritto con filo dritto.

Hora habiamo dito in che modo se puo offendere el ditto lato dritto quando tu sei a megia spada con filo dritto adonque diremo delli contrarii di quelli essendo per lo ditto modo, e uno te volesse offendere, el ditto lato dritto con prese, o vero roversi alhora sarai acorto di guardarli alle mani per casione delle prese concio sia cosa che volendo te fare presa alcuna bisogna che lui lassi la mano manca dal pomo per la magiore parte delle prese, siche come lui lassara la sua mano manca, e te alhora falli delli contrarii che sai secondo la presa chel te fara,

e se caso fusse che lui te tresse de uno roverso tondo, o vero fendente, o roverso redoppio alhora aciascuno di quelli roversi tu puoi voltare roverso alui anchora tu puoi vedarlo che lui nol traga, o voi tirare come sai in drieto a quello roverso, o uno fendente che acali in cinghiara porta di ferro, o voi in lo suo tirare del roverso desnodarli de uno mandritto tondo intrente auno tempo tirarli el roverso de megia spada secondo che ate acadesse :

dessous de ses bras, et tu le pousseras en arrière avec ton bras. Et par le fait que tu auras jeté ta jambe gauche à l'extérieur de sa droite, il tombera par terre en arrière. Mais supposons que celui-ci soit plus fort que toi, alors tu ne jetteras pas le bras à sa ceinture, mais tu lui jetteras ta main à l'épée par l'intérieur et tu lui feras une prise, et tu lui donneras avec ton épée une *punta* dans la poitrine ou bien un *mandritto* aux jambes. Et sache qu'ici se finit un bel aller.

ICI SONT FINIES LES PRISES À DROIT FIL CONTRE FIL DE L'ÉPÉE À DEUX MAINS, DIEU ÉTANT TOUJOURS LOUÉ ET REMERCIÉ.

Chap.165. Qui parle des contres à droit fil contre droit fil.

Maintenant, ayant parlé des façons dont le côté droit peut être offensé quand tu es à la mi-épée avec le droit fil, je parlerai donc des contres à ceux-ci en étant ainsi contre quelqu'un qui veut t'offenser à ce côté droit avec des prises ou bien des *riversi*. Tu feras alors attention à regarder ses mains en raison des prises, car si lui veut te faire une quelconque prise, la plupart du temps il est nécessaire qu'il lâche sa main gauche du pommeau, donc quand il lâchera sa main gauche, tu feras alors le contre selon la prise qu'il te fera.

Et si l'occasion fait qu'il te tire un *roverso tondo*, ou *fendente*, ou *redoppio*, alors à chacun de ces *riversi* tu pourras lui tourner un *roverso*. Également, tu peux voir à ce qu'il ne tire pas, ou tu tires comme tu sais dans la suite à ce *roverso*, ou tu tires un *fendente* qui tombe en *cinghiara porta di ferro*, ou bien dans sa frappe de *roverso*, tu lui donnes un *mandritto tondo* entrant et dans un temps lui tires un *roverso* de la mi-épée suivant ce qu'il advient.

ma sel tirasse dritto contira alhora incrosa le tue bracie, & desnodali de uno mandritto de megia spada di quella natura che ati paresse, e sel ti fesse la vista del roverso per darti del mandritto alhora alla ditta vista intra. Ma el dritto suo sara che tu serri la tua mano manca al tuo bracio dritto, e tira e desnoda a lui uno mandritto intrente, & a uno tempo el roverso fendente,

siche essendo filo dritto con filo dritto, e uno te volesse offendere, el ditto tuo lato con altre cose tu hai veduto in che modo e in quanti modi tu te debbi defendere securamente.

QUI E FINITO LI CONTRARII DE FILO DRITO CON FILO DRITO.

S'il tire un *mandritto,* alors croise tes bras dans sa frappe[14] et donne-lui un *mandritto* de la mi-épée de la nature qu'il te plaît. S'il fait la feinte de *roverso* pour te donner un *mandritto,* alors tu entres dans cette feinte, et à son *mandritto,* tu serreras ta main gauche à ton bras droit et tu tireras et lui donneras un *mandritto* entrant et dans un temps le *roverso fendente.*

Ainsi si tu es droit fil contre droit fil et qu'un veut t'attaquer à ce côté avec autre chose, tu as vu de quelles façons et en combien de façons tu dois te défendre sûrement.

ICI SONT FINIS LES CONTRES À DROIT FIL CONTRE DROIT FIL.

---

14   *contira* : remplacé par *come tira* dans la version de 1568 qui fait plus sens ici

Cap. 166. Elquale declara come e finito el pro el contra de filo dritto con filo dritto. Hora diremo del pro el contra essendo condutto a falso per falso.

Hor se bene hai notato tu hai veduto el pro el contra essendo stato condutto alla ditta megia spada con filo dritto. Ma essendo condutto alla ditta megia spada filo falso con filo falso: cioe che le spade vostre siano defuora verso la parte dritta de ciascheduno de voi alhora ciascaduno di voi puo essere agente. Cioe principiatore del ferire. Ma faciamo rasone che sie agente per velocita di mano, adonque sappi che in questo tale luoco tu puoi offendere el ditto nemico dallato suo mancho con prese e con pur assai fatta mandritti.

Ma nota che dal ditto mandritto se puo fare poche prese: ma delli mandritti sene puo fare de piu fatta come in questo tu potrai vedere: cioe desnodarli un mandritto tondo intrento per la sua tempia manca, o voi tirarli uno mandritto fendente insu la testa dal ditto lato sinistro, o voi tirarli uno mandritto redoppio, o uno mandritto tondo a traverso la orechia sua manca, o voi trarli el mandritto incrosato dallato suo dritto, e subito intra da quello medesimo lato dritto dal tuo roverso darali, o voi della vista del dritto per darli del roverso o voi del dritto de spada in armi siche tu hai audito inquanti modi tu puoi offendere la ditta parte manca del nimico: cioe de botte, ma non de prese perche le prese io le componero qui de drieto in questo come tu potrai vedere.

Prima stretta a filo falso con filo falso.

Sappi che quando tu serai condutto con el nimico a falso per falso con el pie dritto, o vero gamba inanci, voglio che tu passi de uno gran passo con la tua gamba mancha inanci, alquanto un poco in fuora, de le parte dritte del tuo inimico, e fa che in tale passare tu incrosi forte le tue bracie insieme

Chap. 166. Lequel déclare que sont finis les attaques et les contres à droit fil contre droit fil. Maintenant, nous parlerons des pours et des contres étant conduits à *falso* contre *falso*.

Maintenant, si tu as bien noté, tu as vu les pours et le contres en étant conduit à cette mi-épée avec le droit fil. Mais quand vous êtes conduits à cette mi-épée à *falso* contre *falso*, c'est-à-dire que vos épées sont à l'extérieur vers la partie droite de chacun de vous, alors chacun de vous peut être agent, c'est-à-dire le premier à attaquer. Et nous savons par la raison que l'on est agent par la vélocité des mains, donc sache que dans cette position tu peux offenser cet ennemi à son côté gauche avec des prises et beaucoup de *mandritti* faits de différentes façons.

Et note que peu de prises peuvent être faites depuis ce *mandritto*, mais l'on peut faire différentes sortes de *mandritti* comme tu pourras le voir par la suite. C'est-à-dire que tu lui donneras un *mandritto tondo* entrant à sa tempe gauche, ou bien tu lui tireras un *mandritto fendente* dans sa tête au côté gauche, ou bien tu lui tireras un *mandritto redoppio* ou un *mandritto tondo* à travers son oreille gauche, ou bien tu lui tireras un *mandritto incrociato* à son côté droit et aussitôt tu entreras dans ce même côté droit et tu le frapperas de ton *roverso*, ou bien tu feras semblant du *mandritto* pour lui donner un *roverso* ou bien un *mandritto* en *spada in armi*. Ainsi, tu as entendu en combien de façons tu peux attaquer le côté gauche de l'ennemi avec des bottes mais pas avec des prises parce que je vais te donner ces prises ici à la suite comme tu pourras voir.

Première estrette à *falso* contre *falso*.

Sache que quand tu seras conduit avec l'ennemi à *falso* contre *falso* avec le pied ou la jambe droite devant, je veux que tu passes d'un grand pas avec ta jambe gauche devant, un peu à l'extérieur au côté droit de ton ennemi et fais que dans ce pas tu croises fortement tes bras ensemble de sorte que le droit fil

per modo chel dritto filo della spada tua sera contro al suo filo falso, e faciando tu questo, la ponta della spada tua andara in la facia sua per modo tale che per casion della ditta, lui spingiera infuora la tua spada, e la sua, alhora tu butterai la mano mancha tua alla mano dalla spada sua, e li farai una presa, ma con la tua mano dritta, tu tirerai in drieto per desopra la tua spada, e si li darai de uno mandritto in tramedua le gambe del nimico.

Seguita la seconda stretta a falso per falso.

Anchora essendo con el nimico a falso per falso con el pie dritto inanci ambidui, voglio che passi presto della tua gamba mancha inanci, e incrosa in tal passare le tue bracie insieme, e in questo incrosiare tu butterai presto la mano tua sinistra per de dentro alla spada del tuo nimico, e pigliala con la ditta mano, e presa che tu lhaverai la ditta, passarai forte della tua gamba dritta verso le parte manche del nimico, e darali in tal passare del pomo della ditta spada tua in la facia al sopraditto. Ma guarda che se lui te tirasse la sua mano mancha al manico della tua sopraditta, lassala pure pigliare perche pigliato che lui lavera, voglio che tu traghi la tua mano mancha al suo bracio dritto, e la dritta tu pigliarai el suo bracio mancho, e pigliato che tu haverai tramedue le ditte bracie, tu te lassarai cadere in terra indrieto tenendo forte pure le sopraditte, e in tale cadere che tu farai, tu li metterai tutti dui li tuoi piedi in lo corpo, o vero pancia, e si tel butterai da la de drieto, e buttato che tu laverai presto tu saltarai in piedi, e piu presto di lui e piglierai tramedue le spade, e sappi che questo sie uno bello atto, e se po fare in porassai luochi.

Terza stretta pure al ditto falso per falso.

Ma sappi che quando tu serai con el nimico a falso per falso bisogna che quando tu vorrai fare questa presa che tu sia con la gamba mancha inanci el nimico con la dritta

de ton épée soit contre son *falso*. Et en faisant cela, la pointe de ton épée ira dans sa face de telle sorte qu'à cette occasion il poussera ton épée et la sienne à l'extérieur et alors tu jetteras ta main gauche à sa main d'épée et tu lui feras une prise. Et avec ta main droite tu tireras vers l'arrière par-dessus ton épée et tu lui donneras un *mandritto* entre ses jambes.

Suit la seconde estrette à *falso* contre *falso*.

Également, étant avec l'ennemi à *falso* contre *falso* et tous les deux avec le pied droit devant, je veux que tu passes rapidement de ta jambe gauche devant et que tu croises tes bras ensemble dans ce pas. Et dans ce mouvement, tu jetteras rapidement ta main gauche par l'intérieur à l'épée de ton ennemi que tu prendras avec cette main. Ayant fait cette prise, tu passeras fortement de ta jambe droite vers le côté gauche de l'ennemi, et dans ce pas tu donneras du pommeau de ton épée dans la face de celui-ci. Et regarde que si lui lance sa main gauche à la poignée de ton épée, tu le laisseras bien la prendre, parce qu'une fois qu'il l'aura prise je veux que tu lances ta main gauche à son bras droit et avec la droite tu prendras son bras gauche. Et l'ayant pris entre ses bras, tu te laisseras tomber en arrière par terre en tenant bien fortement celui-ci, et dans cette chute tu mettras tes deux pieds dans son corps ou dans son ventre et tu le jetteras par-derrière. L'ayant jeté, tu sauteras rapidement sur tes pieds et tu prendras les deux épées avant lui. Et sache que cela est une belle façon et qu'elle peut se faire dans beaucoup d'endroits.

Troisième estrette aussi à *falso* contre *falso*.

Sache que quand tu seras avec l'ennemi à *falso* contre *falso* et que tu voudras faire cette prise, il sera nécessaire que tu sois avec la jambe gauche devant et l'ennemi avec sa droite.

essendo tu con la ditta gamba mancha inanci a falso per falso tu passerai della tua gamba dritta verso le sue parte manche, e in tal passare tu farai vista de uno mandritto tondo per facia, e in tal vista tu butterai la spada tua pure verso le parte manche del compagno : cioe del tuo nimico, e pigliarai la sua gamba dritta con le tue bracie : cioe ilbracio dritto, tu lo caciarai tramegio ale ditte sue gambe, e col mancho tu pigliarai la ditta sua gamba per de fuora elivaralo, alinsuso per modo che tu el buttarai con la testa in terra, e non porra manchare.

Quarta stretta laquale bisogna che vui siati tramedui con lo pie sinistro inanci.

Anchora essendo con el nimico a falso per falso bisogna a volerli fare questa presa che voi siate tramedui con la gamba mancha inanci, impero essendo con le ditte gambe manche tramedui inanci voglio che subito che tu ariverai con el nimico che tu li traghi la tua mano mancha alla sua spada per desotto da lato dentro, e li pigliarala, e con la dritta tu li darai del pomo in tella facia passando in questo tempo della tua gamba dritta verso le sue parte manche, e in questo passare che tu farai, tu li darai della ditta gamba tua dritta in la sua mancha per defuora, e si lo farai cadere in terra.

Quinta stretta del ditto tertio.

Hora guarda che essendo con el nimico a falso per falso : cioe con le gambe dritte tramedui inanci, tu passarai della tua gamba mancha forte sotto el tuo nimicho per defuora dalla sua gamba dritta, e in tal passare tu incroserai le tue bracie in modo che la ponta de la spada tua andara in la facia del nimico, ma sappi che lui per paura della ditta ponta spingiera tramedue le spade infuora, e tu in quel tempo del passare, e de lincrosiare le tue bracie, tu li metterai el tuo bracio mancho in la cintura da lato dinanci, e spingieralo a linfuora diverso le tue parte manche per

Étant donc avec cette jambe gauche devant à *falso* contre *falso*, tu passeras de ta jambe droite vers son côté gauche et dans ce pas tu feras semblant de donner un *mandritto tondo* à la face, et dans cette feinte tu jetteras bien ton épée vers le côté gauche de ton compagnon, c'est-à-dire de ton ennemi, et tu prendras sa jambe droite avec tes bras, c'est-à-dire que tu chasseras ton bras droit à travers ses jambes et qu'avec le gauche tu prendras sa jambe par l'extérieur, et tu l'élèveras de sorte que tu le jetteras avec la tête par terre, et tu ne pourras point faillir.

Quatrième estrette dans laquelle il est nécessaire que vous soyez tous les deux avec le pied gauche devant.

Également, étant avec l'ennemi à *falso* contre *falso*, pour vouloir lui faire cette prise il est nécessaire que vous soyez tous les deux avec la jambe gauche devant. Comprends qu'étant tous les deux avec cette jambe gauche devant, je veux que dès que tu arrives contre l'ennemi que tu lances ta main gauche à son épée du côté intérieur par en dessous et que tu la lui prennes. Et avec la droite, tu lui donneras du pommeau dans la face en passant dans ce temps de ta jambe droite vers son côté gauche, et en faisant ce pas tu lui mettras cette jambe gauche à l'extérieur et tu le feras tomber par terre.

Cinquième estrette de ce troisième assaut.

Maintenant, regarde qu'étant avec l'ennemi à *falso* contre *falso*, c'est-à-dire tous les deux avec la jambe droite devant, tu passeras fortement de ta jambe gauche sous ton ennemi à l'extérieur de sa jambe droite, et dans ce pas tu croiseras tes bras de sorte que la pointe de ton épée aille dans sa face. Et sache que lui par peur de cette pointe poussera les deux épées vers l'extérieur. Mais toi dans le temps où tu passeras et croiseras tes bras, tu mettras ton bras gauche à sa ceinture au côté avant et tu le pousseras vers l'extérieur vers ton côté

modo che per casione della gamba mancha che sera incavalcata alla sua dritta dallato de fuora, e con el bracio insieme che tu pigarai, el sera forcia che lui caschi in terra al suo dispetto.

Sesta stretta a falso per falso.

Anchora essendo con el nimico a falso per falso con le ditte gambe dritte inanci, tu passarai della tua gamba mancha inanci, e si incroserai le tue bracie insieme, e intal passare, & incrosare de bracie, tu piglierai con la tua mano mancha la spada del nimico da lato dentro alla roversa, e in tal pigliare che tu farai, tu li darai duno calzo con la tua gamba dritta intel petenechio, e con la tua spada, tu li darai de uno fendente insu la testa, e dato che tu haverai, el ditto calzo, el fendente tu butterai la gamba tua mancha de drieto de la dritta, e si te metterai con la spada tua in guardia de facia, caciando ben forte la ponta della ditta tua spada in la facia del nimico.

Settima & ultima stretta a falso per falso del ditto terzo assalto.

Sappi che essendo con el nimico, a falso per falso, con le gambe dritte inanci, tu passerai della tua gamba mancha forte inanci verso le sue parte dritte, e in questo passare, tu incrosiarai le tue bracie, non te fermando della dritta che tu la butti de drieto da la mancha alla riversa pirlando in se la ditta mancha per modo che tu volti le spalle al nimico, e in tal voltare de spalle che tu farai tu darai de uno roverso del pomo della spada tua in la testa al sopraditto, pigliando intal tempo la ditta spada tua con la mano mancha a megio, a modo de spada in armi de roverso, e sappi chel seria poco fatto, che tu nol pigliasse con el manicho sopraditto in lo suo collo, e con poca spesa, tu lo batteresti in terra, e fatto che tu haverai questo, tu butterai la tua gamba mancha pure allinanci per de drieto del nimico, & si anderai con la spada tua in coda longa & alta driciando ben la ponta della tua ditta spada in la facia al nimico, e fa che la gamba dritta seguita per de drieto dalla mancha.

QUI E FINITO LE PRESE DA SPADA DA DUE MANI A FALSO PER FALSO, ORA DIRE MO DELLI CONTRARII.

gauche de sorte qu'avec ta jambe gauche mise à l'extérieur à son côté droit et avec la poussée du bras, il sera forcé de tomber par terre à son dépit.

Sixième estrette à *falso* **contre** *falso*.

Également, étant avec l'ennemi à *falso* contre *falso* avec vos jambes droites devant, tu passeras de ta jambe gauche devant et tu croiseras tes bras ensemble, et dans ce mouvement tu prendras l'épée de l'ennemi avec la main gauche à revers du côté intérieur. Et dans cette prise que tu feras tu lui donneras un coup avec ta jambe droite dans le pubis, et avec ton épée tu lui donneras un *fendente* dans sa tête. Ayant fait ce coup et ce *fendente*, tu jetteras ta jambe gauche derrière la droite et alors tu te mettras l'épée en *guardia di faccia* en chassant bien fortement la pointe de ton épée dans la face de l'ennemi.

Septième et dernière estrette à *falso* **contre** *falso* **de ce troisième assaut.**

Sache qu'étant avec l'ennemi à *falso* contre *falso* avec vos jambes droites devant, tu passeras de ta jambe gauche fortement devant vers son côté droit et dans ce pas tu croiseras tes bras. Sans t'arrêter, tu jetteras la jambe droite derrière la gauche à revers, en tournant sur cette jambe gauche de sorte que tu tourneras les épaules à l'ennemi. Et en tournant tes épaules, tu donneras un *roverso* du pommeau de ton épée dans la tête de celui-ci, en prenant dans ce temps ton épée avec la main gauche au milieu à la façon de *spada in armi* en revers. Et sache qu'en en faisant peu, tu le prendras avec cette poignée dans son cou, et qu'avec peu d'efforts tu le battras par terre. Ayant fait cela, tu jetteras ta jambe gauche bien en avant derrière l'ennemi et tu iras alors avec ton épée en *coda longa e alta* en dirigeant bien la pointe de ton épée dans la face de l'ennemi, et fais que la jambe droite suive la gauche par-derrière.

ICI SONT FINIES LES PRISES DE L'ÉPÉE À DEUX MAINS À *FALSO* CONTRE *FALSO*, MAINTENANT NOUS MONTRERONS LES CONTRES.

Cap. 167. Deli contrarii de filo falso con filo falso.

Ma sappi che vogliando essere paciente alla ditta megia spada essendo condutto con lo nimico con lo ditto filo falso, tu puoi fare questi contrarii a li suoi mandritti, o prese, o vero altre botte,

cioe se lui te tirasse el mandritto tondo, o vero al suo mandritto fendente, o al suo mandritto redoppio, tu poi alciare in guardia alta in lo tempo del suo disnodare. Ma in lo suo tirare del mandritto, e sia quale el si voglia, alhora te gietta per lo modo che sai, e tira, e desnodali uno mandritto per la sua tempia mancha, o voi in tel suo ditto mandritto tirare, e subito intrare, e darli de uno roverso dallato suo dritto, o voi in lo suo disnodare andare, alciare in guardia alta, in lo tirare del suo mandritto caciaratili sotto, et consenti, e tirali el roverso reddopio,

ma se lui te tirasse del mandritto incrosato, alhora subito tu repara con intra, et tra a lui el roverso, ma tragando lui della vista del dritto per darte del roverso, alhora in la ditta vista del dritto alcia in guardia alta, ma subito intra per rompergli el suo roverso, avisandoti che piu presto de lui haverai fatto el tuo Roverso per modo che forse lui havera da te percossa el suo lato dritto. Ma se lui te fesse el mandritto de spada in armi, a questo te reparera come io te ho insegnato, perche seria troppo longo el suo scrivere de questo.

Siche nota che che per questi dui modi de stare alla ditta megia spada : cioe filo dritto con filo dritto, e filo falso con filo falso sie tutto el buono del gioco della spada, in li quali se trova puochi che ne sappino troppo, & che li vegano lume. Ma perche io non te ho ditto disopra del li contrarii delle prese. Ma sappi che non fa dibisogno per adesso a farne mentione, perche sapendo tu che le prese se parano facilmente. Ma io te dico bene cosi che tu debbi fare gran conto delle ditte prese, perche ogni homo non le sa parare come tu, & anchora li sopraditti feriri, o voi a filo dritto, o voi filo falso.

QUI E FINITO LI CONTRARII DE FILO FALSO CON FILO FALSO.

Chap. 167. Des contres à *falso* contre *falso*.

Sache que voulant être patient à cette mi-épée en étant conduit avec l'ennemi à *falso* contre *falso*, tu peux faire ces contres à ses *mandritti* ou prises ou toutes autres bottes.

C'est-à-dire que si lui tire un *mandritto tondo* ou *fendente* ou *redoppio*, tu peux lever en *guardia alta* dans le temps de sa frappe, et dans sa frappe de *mandritto*, ou dans celle qu'il veut, tu jetteras alors de la façon que tu connais et tu tireras et lui donneras un *mandritto* à sa tempe gauche. Ou bien dans son *mandritto*, tu tireras et aussitôt entreras et lui donneras un *roverso* à son côté droit. Ou bien dans l'aller de sa frappe, tu lèveras en *guardia alta*, et dans sa frappe de *mandritto*, tu te chasseras dessous et tu consentiras et lui tireras le *roverso redoppio*.

Mais s'il te tire le *mandritto incrociato*, alors aussitôt tu te couvriras en entrant et en lui tirant le *roverso*. Et s'il te fait une feinte de *mandritto* pour te donner un *roverso*, alors tu lèveras en *guardia alta* dans cette feinte de *mandritto*, et aussitôt tu entreras pour lui rompre son *roverso*, t'avisant que tu devras faire ton *roverso* plus rapidement que lui de sorte que tu lui percuteras fortement son côté droit. Mais s'il te fait un *mandritto* de *spada in armi*, tu te couvriras de celui-ci comme je t'ai enseigné parce que cela serait trop long à écrire.

Note donc que par ces deux façons d'être à cette mi-épée, c'est-à-dire à droit fil contre droit fil et à *falso* contre *falso*, il y a le meilleur du jeu de l'épée dans lequel on en trouve peu qui en savent trop et qui voient la lumière, et c'est pourquoi je ne t'ai pas parlé des contres aux prises. Et sache qu'il n'est pas nécessaire pour maintenant d'en faire mention parce que toi tu sais que les prises se parent facilement. Et je te dis bien aussi que tu dois faire grand compte de ces prises parce que tous les hommes ne sauront pas les parer comme toi et il en va de même pour les attaques ci-dessus à droit fil et à faux fil.

ICI SONT FINIS LES CONTRES À *FALSO* CONTRE *FALSO*

GUARDIE BASSE.

Cap. 168. Elquale tratta della instrutione delle guardie basse con li loro nomi.

Adonque per questo tu saperai come ciascuno che voglia assaltare uno altro con spada, o vero aspettare de essere assaltato da uno altro, io te aviso chel non si puo venire, assaltare, o vero aspettare, se non per dui modi, cioe, o con lo pie mancho inanci, o vero con lo dritto, & cosi la spada non si puo tenere se non con la mano dritta, o vero con la mancha inanci, e per lo simile non si puo stare in guardia se non per dui modi, cioe, in le guardie basse, o vero in le guardie alte. Ma ben te dico che per molti, e molti modi si puo stare con la spada in le ditte guardie basse, & alte con li loro nomi diferentiati luno da laltro.

Ma in prima te diro delle guardie basse, e li loro nomi : cioe ciascuno che assalta, o vero che sera assaltato, el se puo stare con lo pie dritto inanci con la sua spada in porta di ferro larga, o in porta di ferro stretta, o in porta di ferro alta, laquale non e in tutto alta, ne intutto bassa, Guardia di fianche, & queste quatro guardie basse se sta con lo pie dritto inanci, ma con lo mancho, eglie in cinghiara porta di ferro larga, e cinghiara porta di ferro stretta. Ma questo atto se sta con el pie mancho un poco intraverso, & anchora si puo stare con el pie mancho inanci in coda longa, & distesa, in coda longa e alta, coda longa e larga, coda longa e stretta. Ma questa guardia non se fa se non con la gamba dritta inanci, e sai tu quale e coda longa e stretta ogni volta che tu tirerai uno roverso con la tua gamba dritta inanci, e che la spada tua accali defuora della ditta gamba alhora quella si domanda coda longa e stretta, si che adonque in le guardie basse, se puo stare per li ditti modi come tu hai veduto, liquali modi delle ditte guardie, tu le vederai qui apresso in Pittura : cioe le ditte guardie basse, & dapoi le basse tu troverai in scrittura & pittura, le guardie alte, e queste ditte guardie alte, alcune staranno con el pie dritto, e alcune con el mancho come tu poterai vedere.
QUI SONO FINITE LE GUARDIE BASSE

LES GARDES BASSES

Chap. 168. Lequel traite de l'instruction des gardes basses et de leurs noms.

Donc avec celui-ci tu connaîtras comment quelqu'un peut assaillir un autre avec l'épée, ou bien attendre d'être assailli par cet autre. Je t'avise qu'on ne peut pas aller assaillir ou bien attendre sinon que de deux façons qui sont soit avec le pied gauche ou soit avec le droit devant. Ainsi l'épée ne peut pas se tenir sinon avec la main droite ou avec la gauche devant. De même, on ne peut pas être en garde sinon que de deux façons qui sont soit dans les gardes basses soit dans les gardes hautes. Mais je te dis bien que l'on peut être avec l'épée en de multiples façons dans ces gardes basses et hautes qui sont différenciées les unes des autres par leurs noms.

En premier, je te parlerais des gardes basses et de leurs noms. C'est-à-dire pour celui qui assaille ou bien qui sera assailli, celui-ci peut être avec le pied droit devant avec son épée en *porta di ferro larga,* ou en *porta di ferro stretta,* ou en *porta di ferro alta* laquelle n'est ni tout en haut ni tout en bas, ou en *guardia di fianche,* et avec ces quatre gardes on est avec le pied droit devant. Avec le gauche il peut être en *cinghiara porta di ferro larga* et *cinghiara porta di ferro stretta,* et dans celles-ci on se trouve avec le pied gauche un peu de travers. Également il peut être avec le pied gauche devant en *coda longa e distesa,* en *coda longa e alta,* en *coda longa e larga,* en *coda longa e stretta,* mais cette dernière garde se fait avec la jambe droite devant. Et toi tu sais que cette *coda longa e stretta* se fait chaque fois que tu tires un *roverso* avec ta jambe droite devant et que ton épée tombe à l'extérieur de la jambe droite, cela se dénomme *coda longa e stretta*. Ainsi donc dans les gardes basses, on peut être dans ces positions comme tu as vu, lesquelles positions de gardes tu verras ci-après en illustration. Et après les basses, tu trouveras à l'écrit et en illustration les gardes hautes, et parmi ces gardes hautes certaines seront avec le pied droit et d'autres avec le gauche, comme tu pourras voir.
ICI SONT FINIES LES GARDES BASSES.

ACHILLE MAROZZO
CINGHIARA PORTA DI FERRO STRETTA

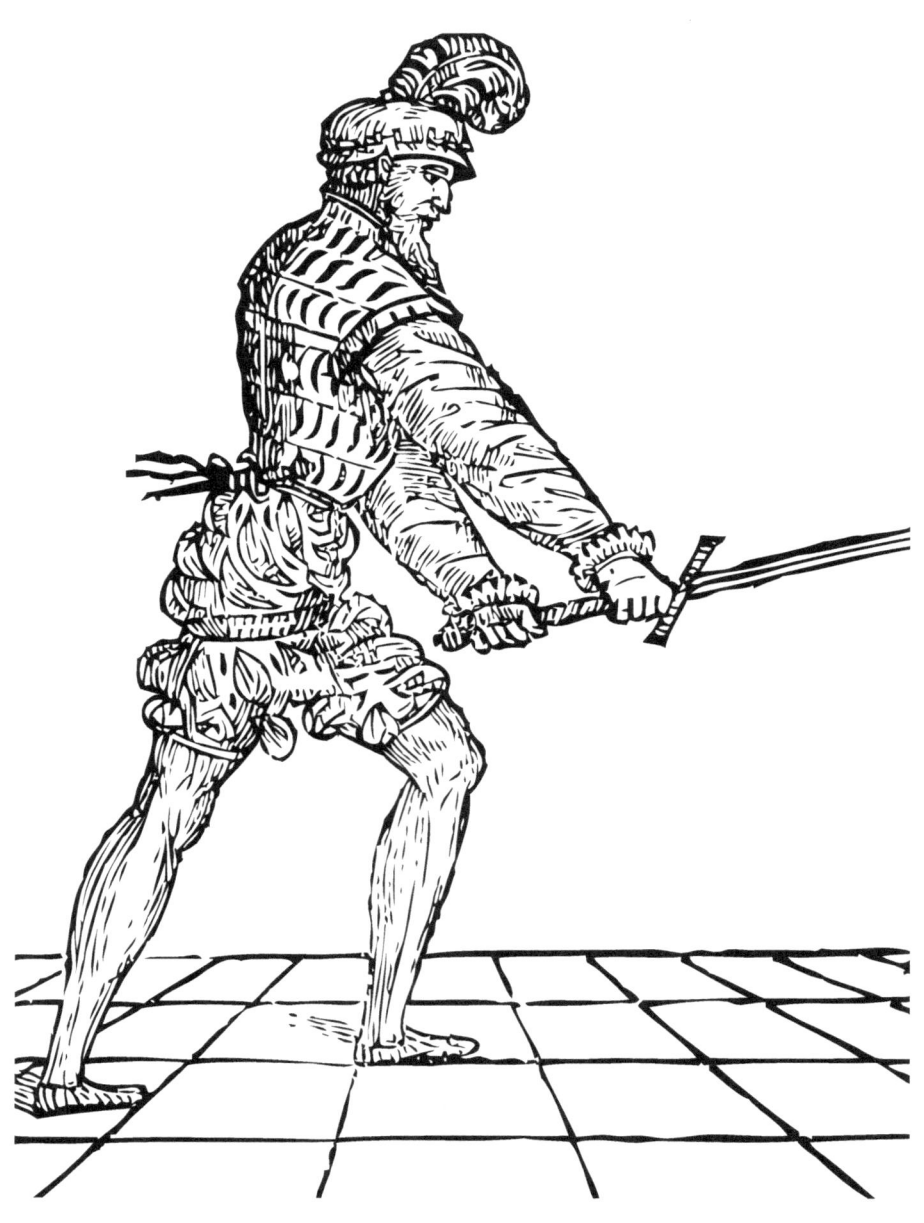

OPERA NOVA
CINGHIARA PORTA DI FERRO LARGA

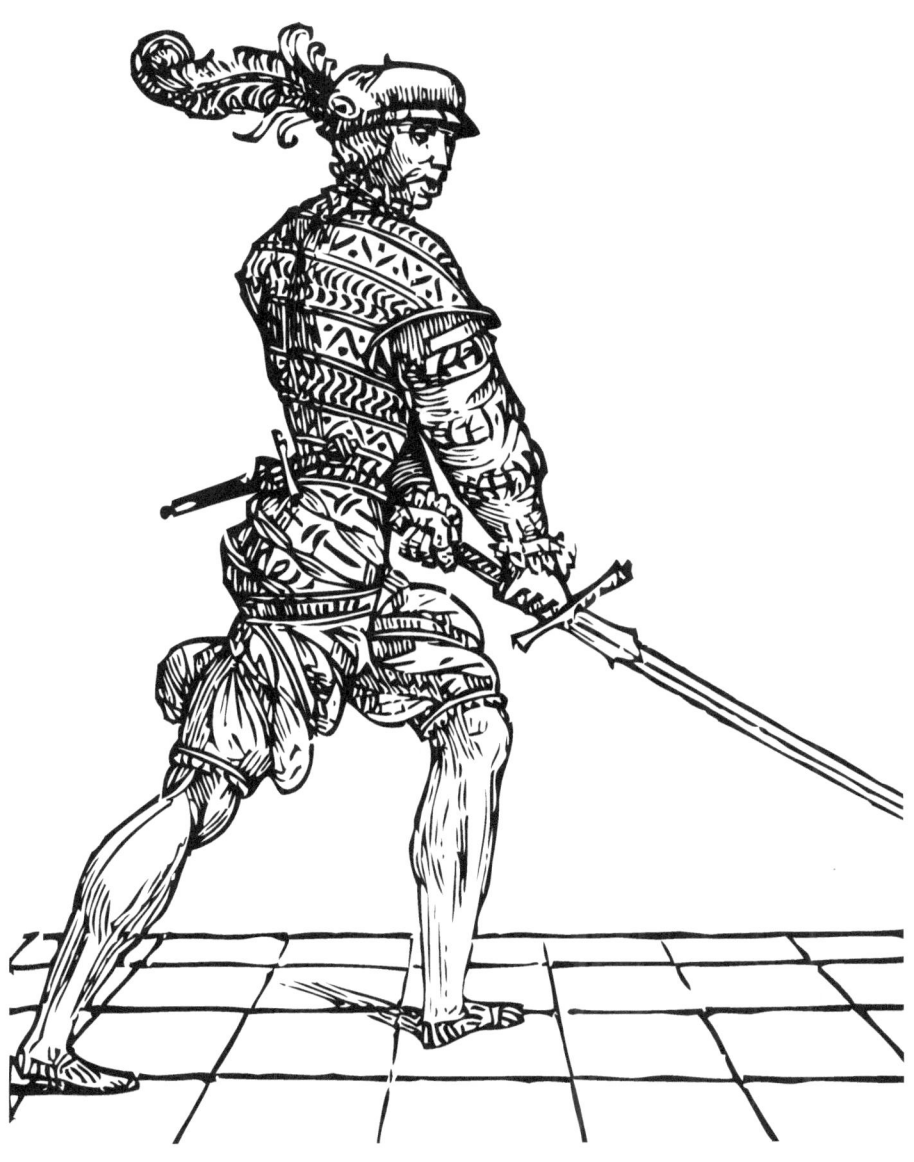

ACHILLE MAROZZO
CODA LONGA E ALTA

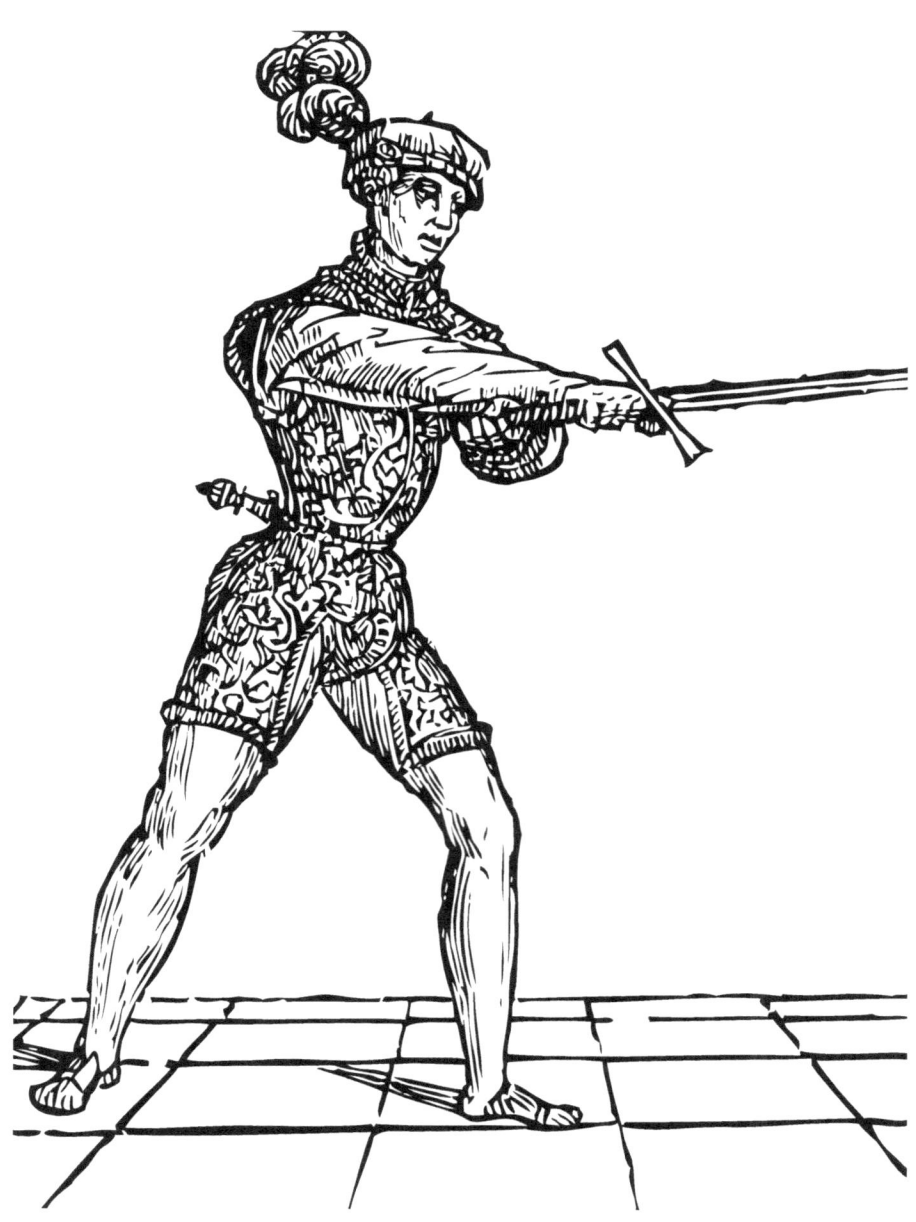

OPERA NOVA
CINGHIARA PORTA DI FERRO ALTA

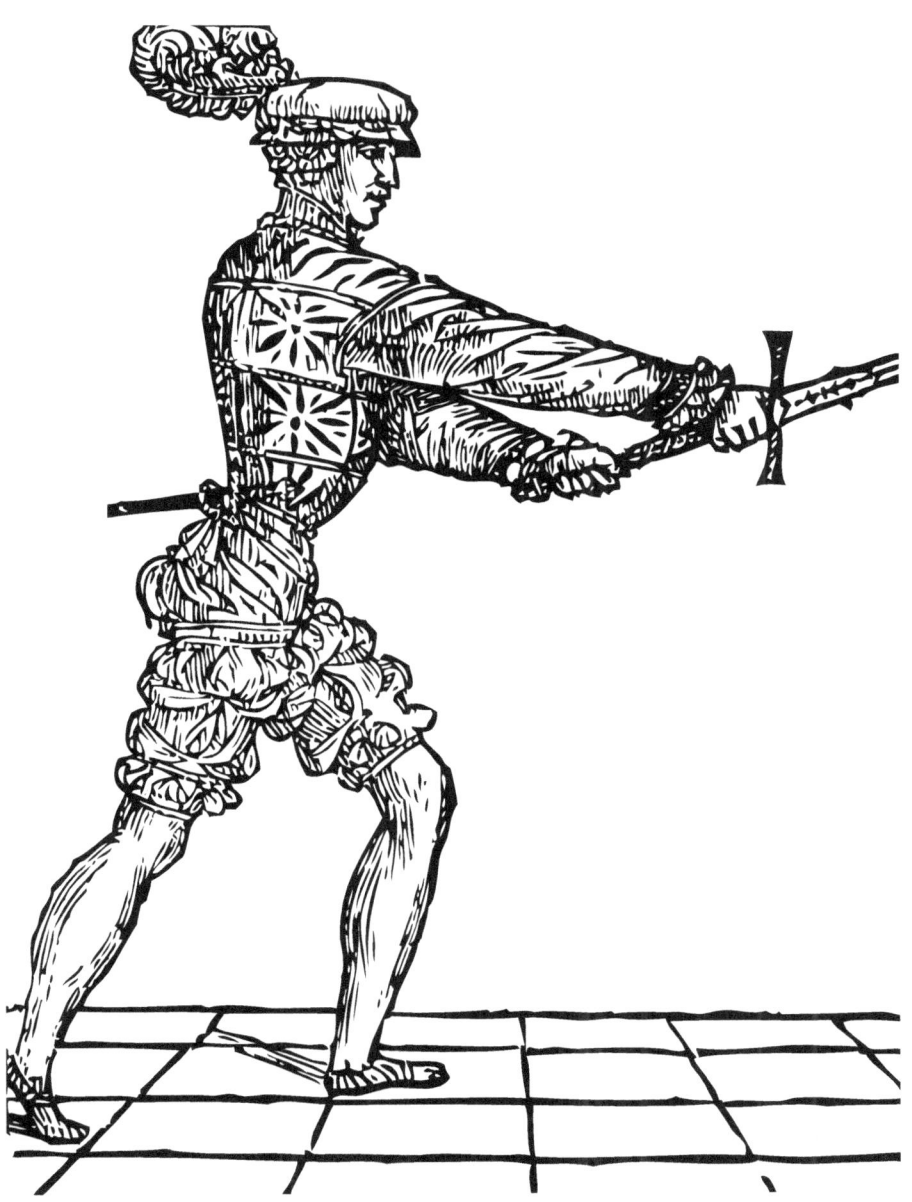

ACHILLE MAROZZO
CODA LONGA E STRETTA

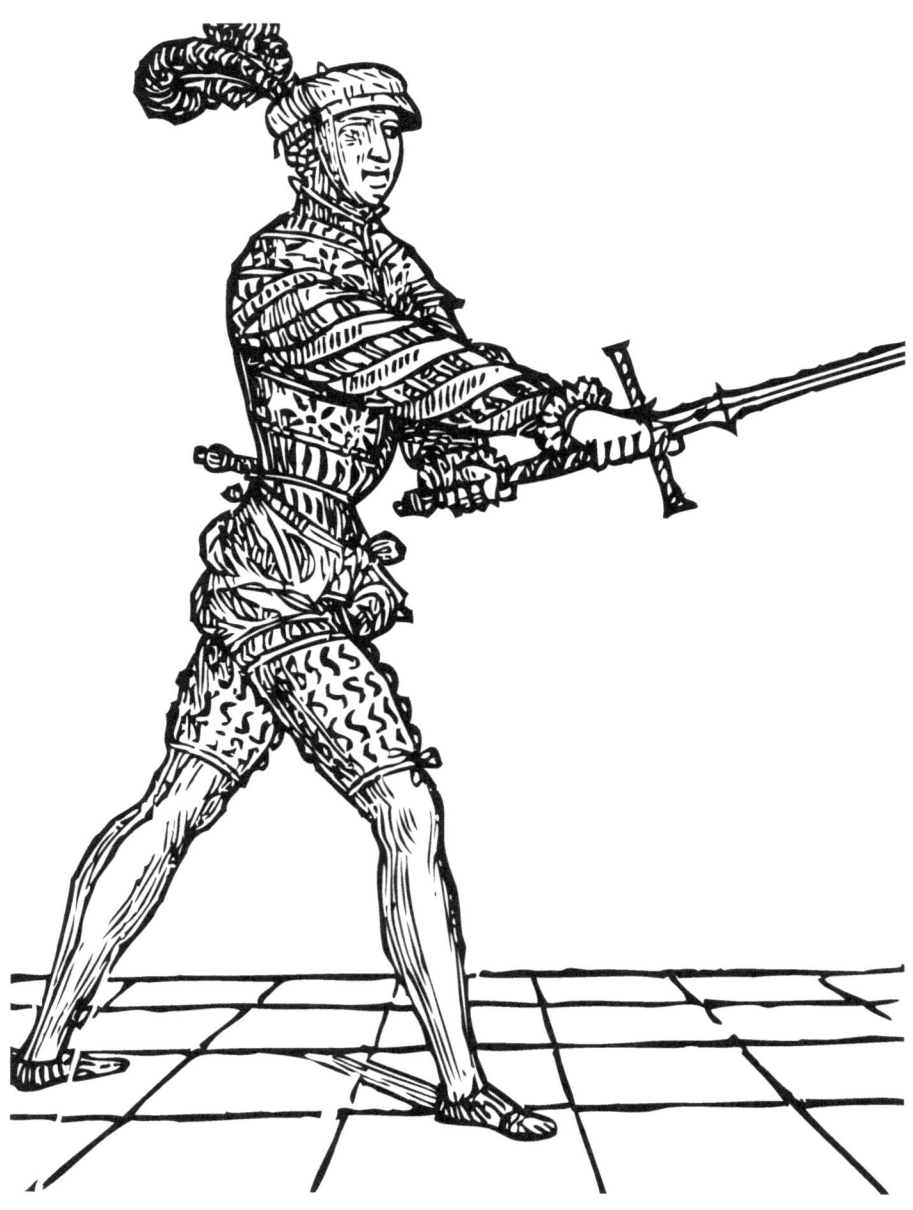

OPERA NOVA

PORTA DI FERRO ALTA

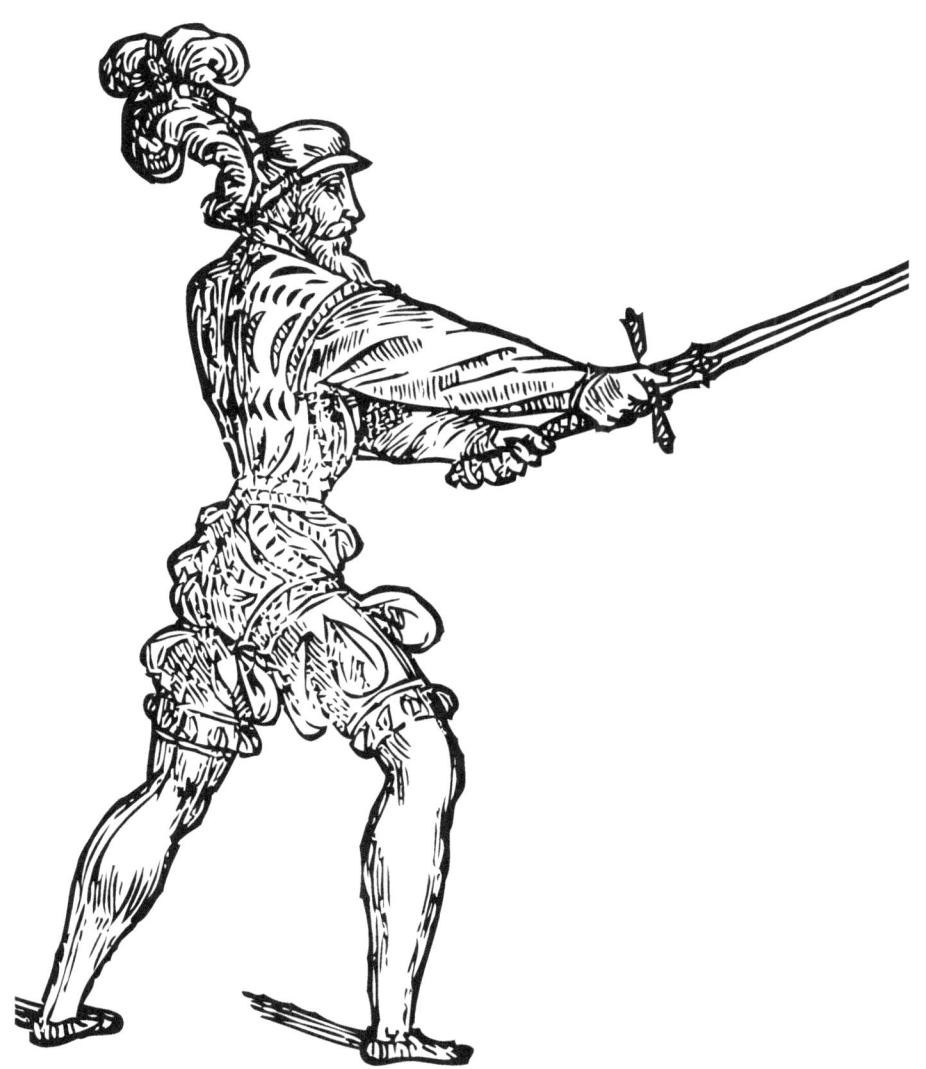

ACHILLE MAROZZO
CODA LONGA E DISTESA

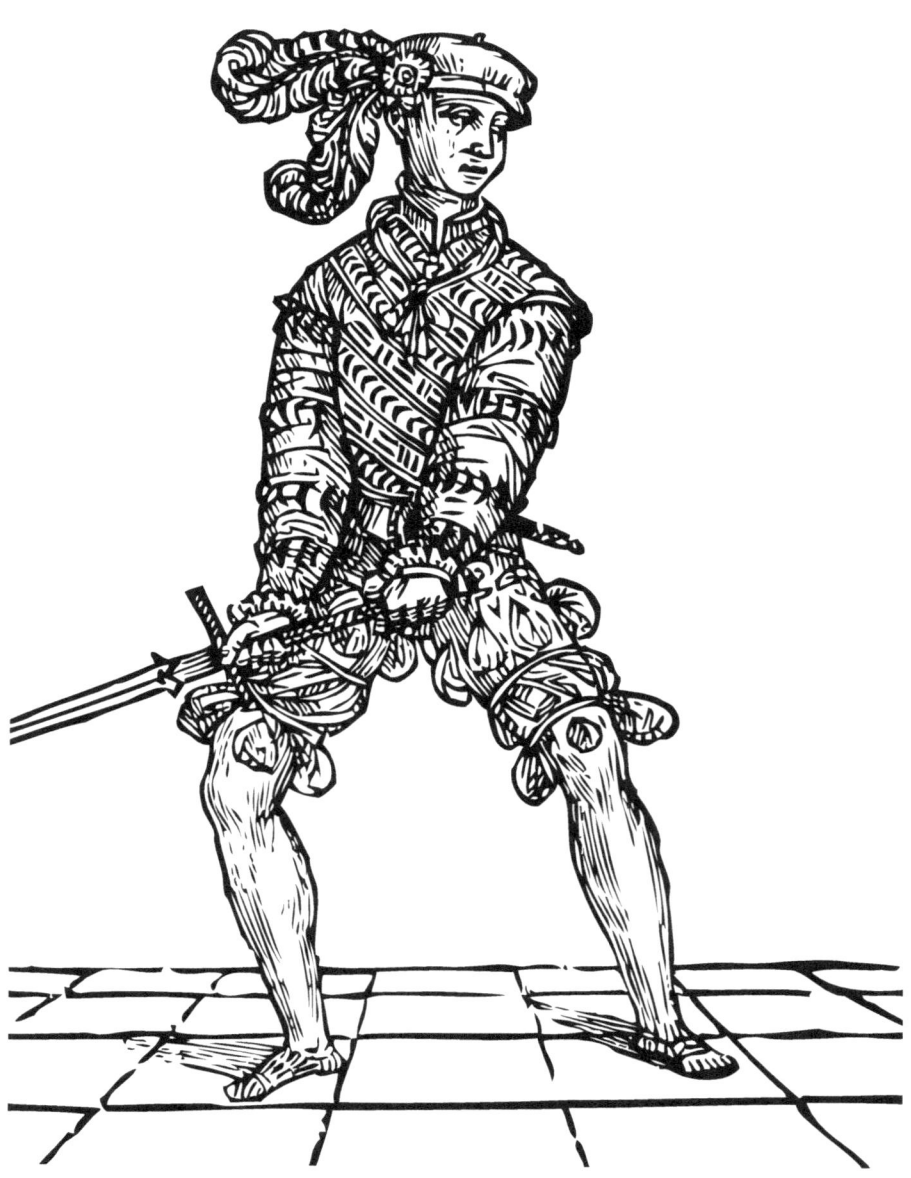

OPERA NOVA
CODA LONGA E LARGA

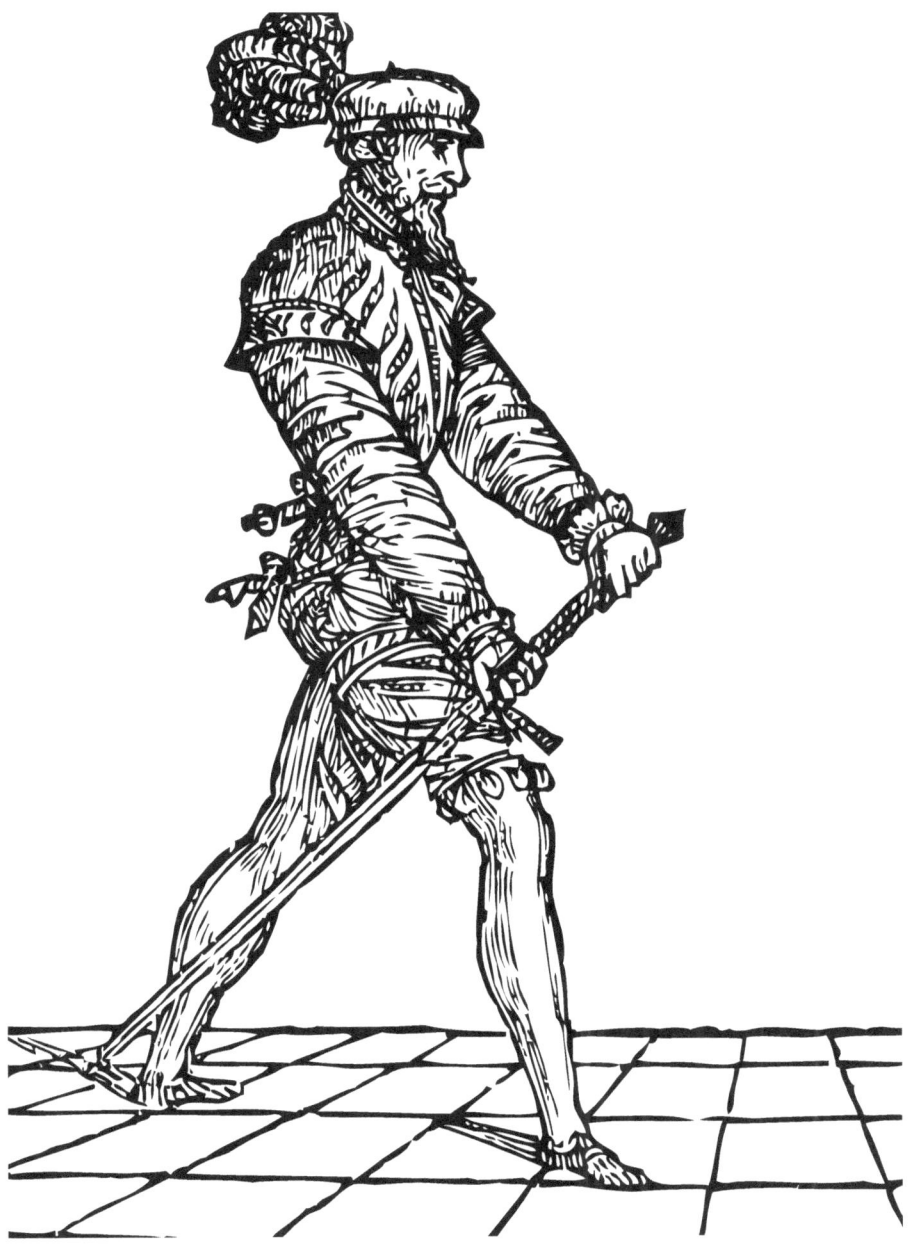

ACHILLE MAROZZO
PORTA DI FERRO STRETTA

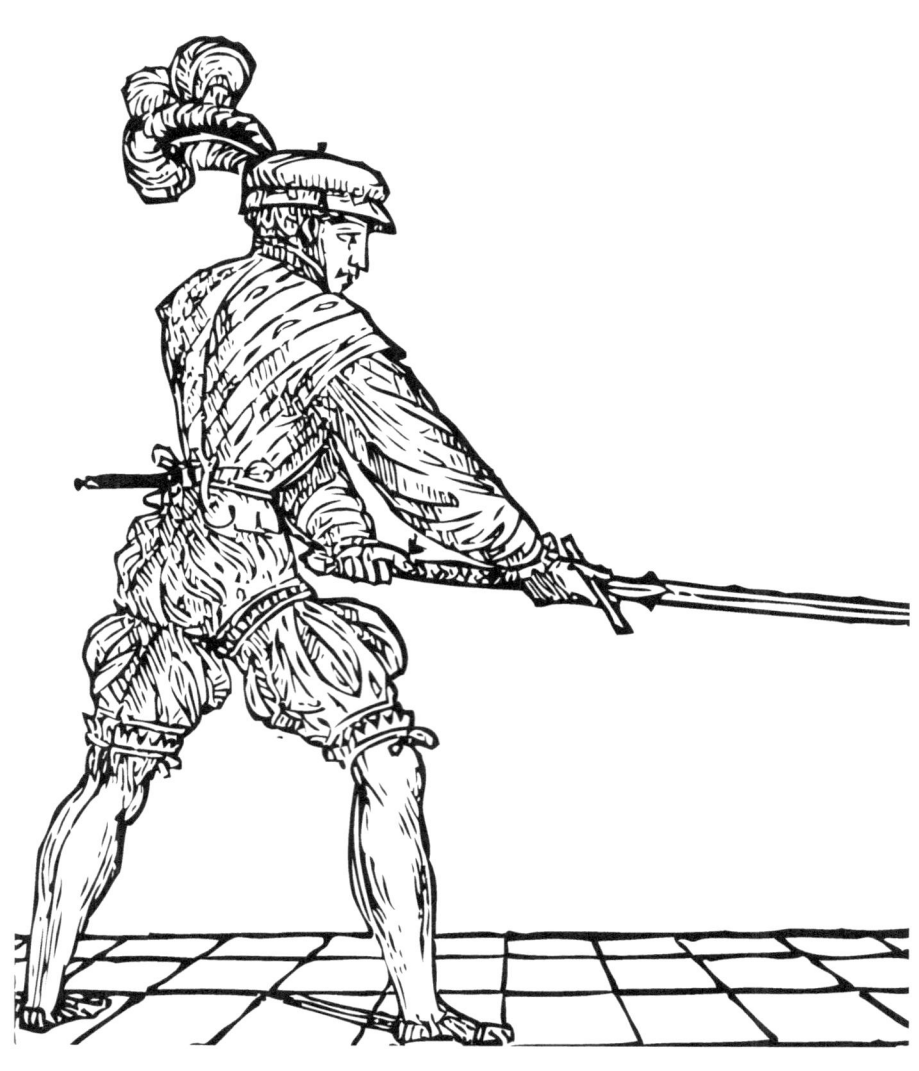

OPERA NOVA
PORTA DI FERRO LARGA

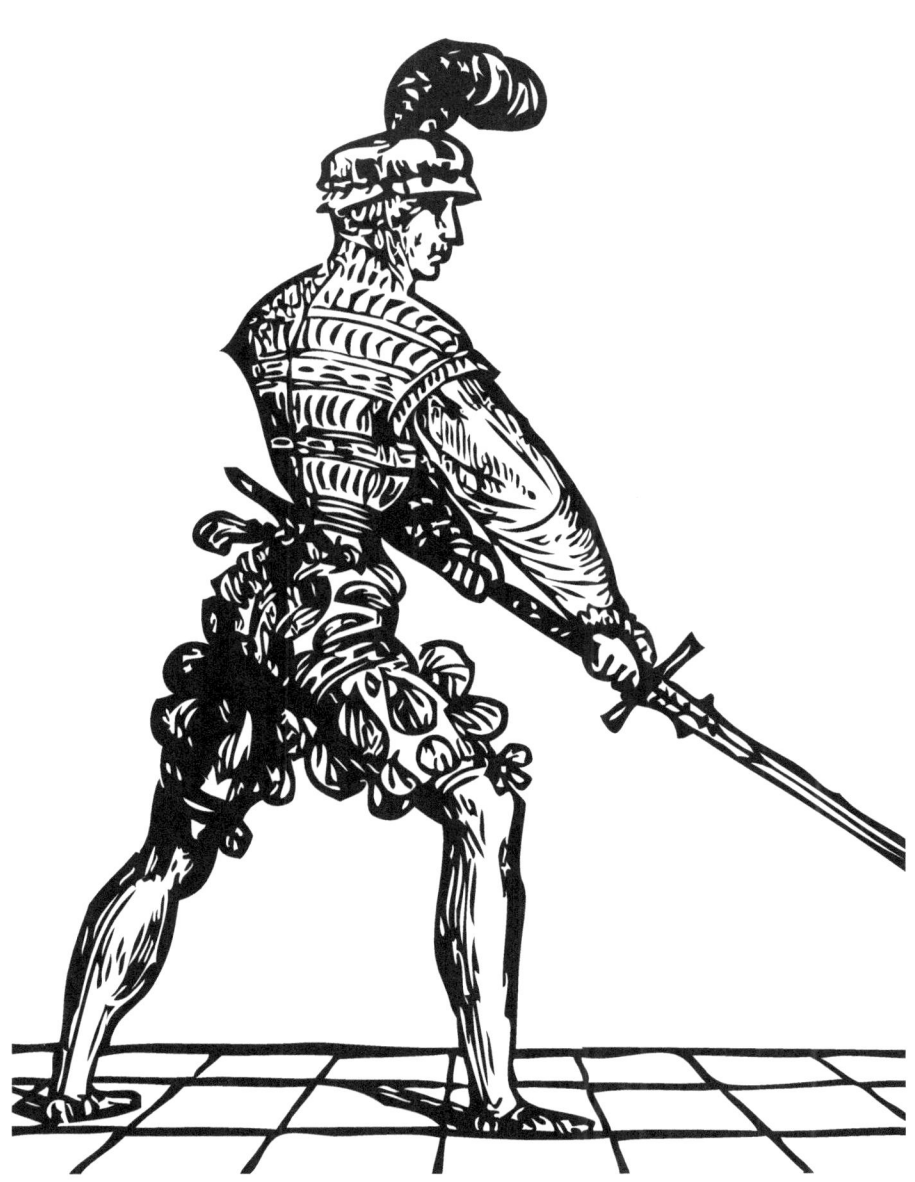

ACHILLE MAROZZO

QUESTO SONO LE GUARDIE ALTE, E LI LORO NOMI:

Cap. 169. Delle guardie alte.

Io te notifico che in ne le guardie alte se puo stare in guardia alta, in guardia de testa, in guardia de intrare non in largo passo, in guardia de facia, in guardia de becha cesa, si che tutte queste guardie alte sopraditte se sta con lo pie dritto innanci, e con lo mancho se sta in guardia de croce, in guardie de consentire, in guardia de becha possa, in guardia de intrare in largo passo, e sappi che in questa guardia se sta con lo pie mancho, e dritto in traverso. Siche in le guardie alte si sta per tanti modi come tu hai udito, ma per li quali modi non se sta se non con lo pie tuo dritto, o mancho inanci. Ma alcuno pie, o vero gambe stanno alcuno intraverso come vederai, o saperai in li assalti, liqualli sono dinanci. Ma nota che alcune di queste guardie sono migliori luna che laltra in atrovare, o essere atrovato, e sappi che meglio che ce siano in atrovare el nimico, e cosi essere atrovato, sie guardia de intrare in largo passo, & cosi guardia de testa, ora nota questo per lo presente, perche in prima ne ho fatto alquanto mentione, e poi de tutte le altre come in questo potrai vedere.

CECI SONT LES GARDES HAUTES ET LEURS NOMS.

Chap. 169. Des gardes hautes.

Je t'informe que dans les gardes hautes l'on peut être en *guardia alta*, en *guardia di testa*, en *guardia d'intrare non in largo passo*, en *guardia di faccia*, ou en *guardia di becha cesa*, et toutes ces gardes ci-dessus se font avec le pied droit devant. Avec le pied gauche on est en *guardia di croce*, en *guardia di consentire*, en *guardia di becha possa*, ou en *guardia d'intrare in largo passo*, et sache que cette garde se fait avec les pieds de travers. Donc dans les gardes hautes on est dans toutes les positions que je t'ai dites, et dans ces positions on est soit avec le pied droit soit avec le gauche devant, et certains pieds ou jambes sont parfois de travers comme tu verras ou apprendras dans les assauts qui sont ci-dessus. Note que certaines de ces gardes sont meilleures que les autres pour trouver ou être trouvé. Et sache que les meilleures pour trouver l'ennemi et aussi être trouvé sont la *guardia d'intrare in largo passo* ainsi que la *guardia di testa*. Maintenant, note cela à présent, car j'en ai fait un peu mention au début et ensuite dans tous les autres chapitres, comme tu pourras le voir dans ceux-ci.

ACHILLE MAROZZO
GUARDIA DI FIANCHE

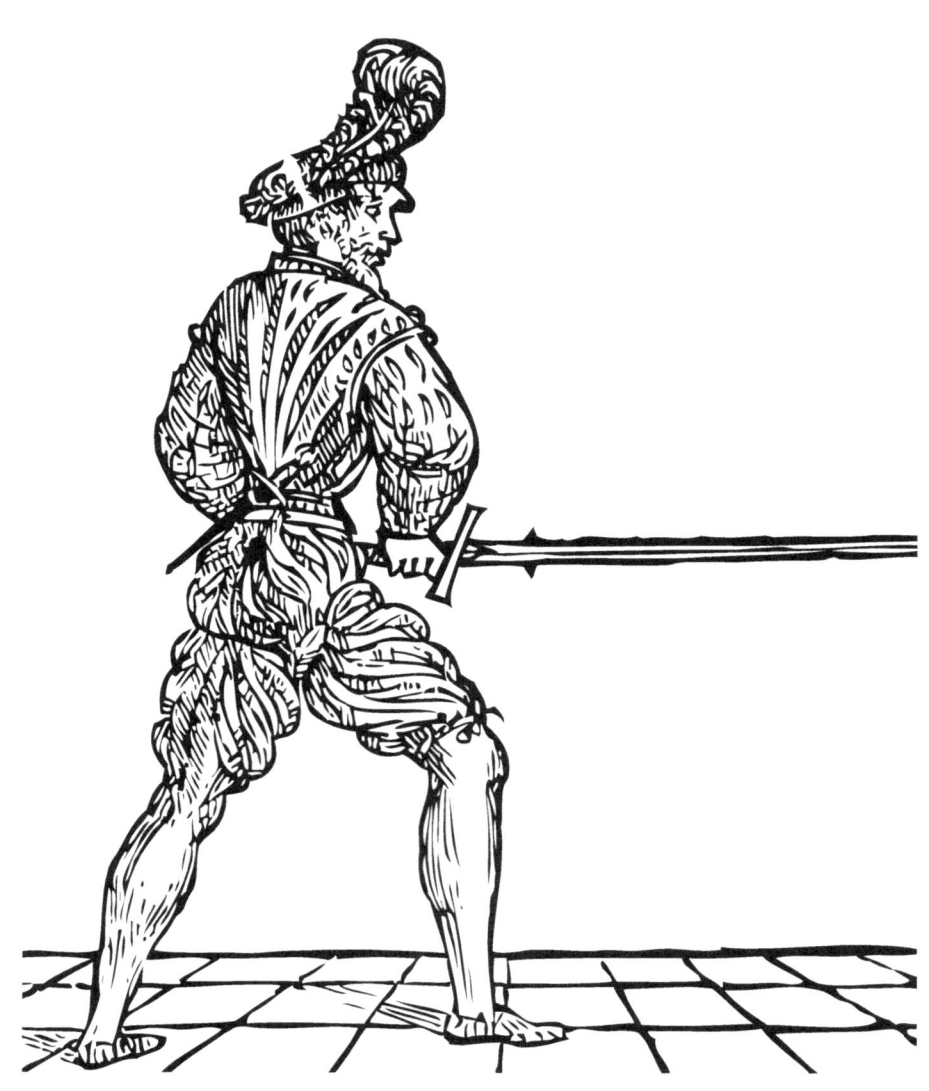

OPERA NOVA
GUARDIA DI CROCE

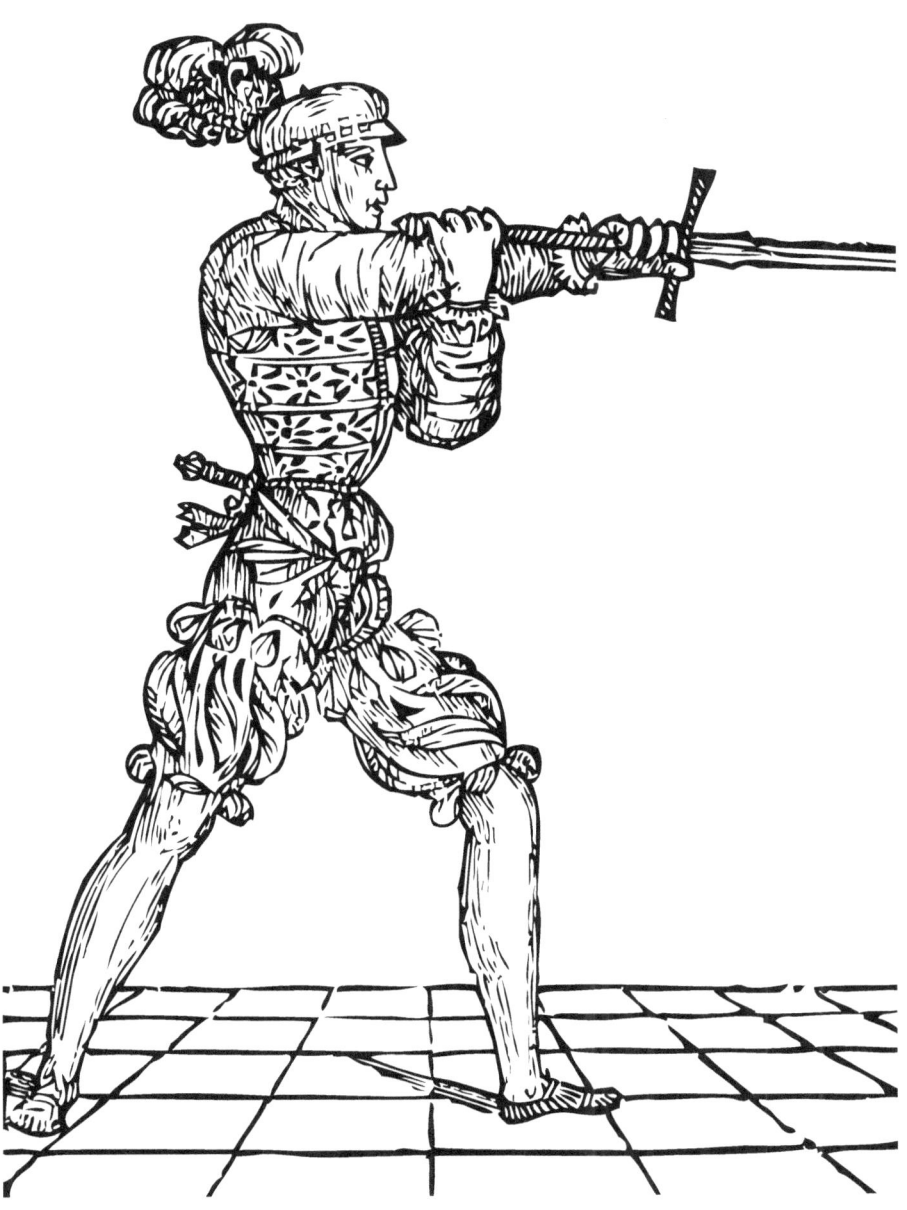

ACHILLE MAROZZO
GUARDIA DI TESTA

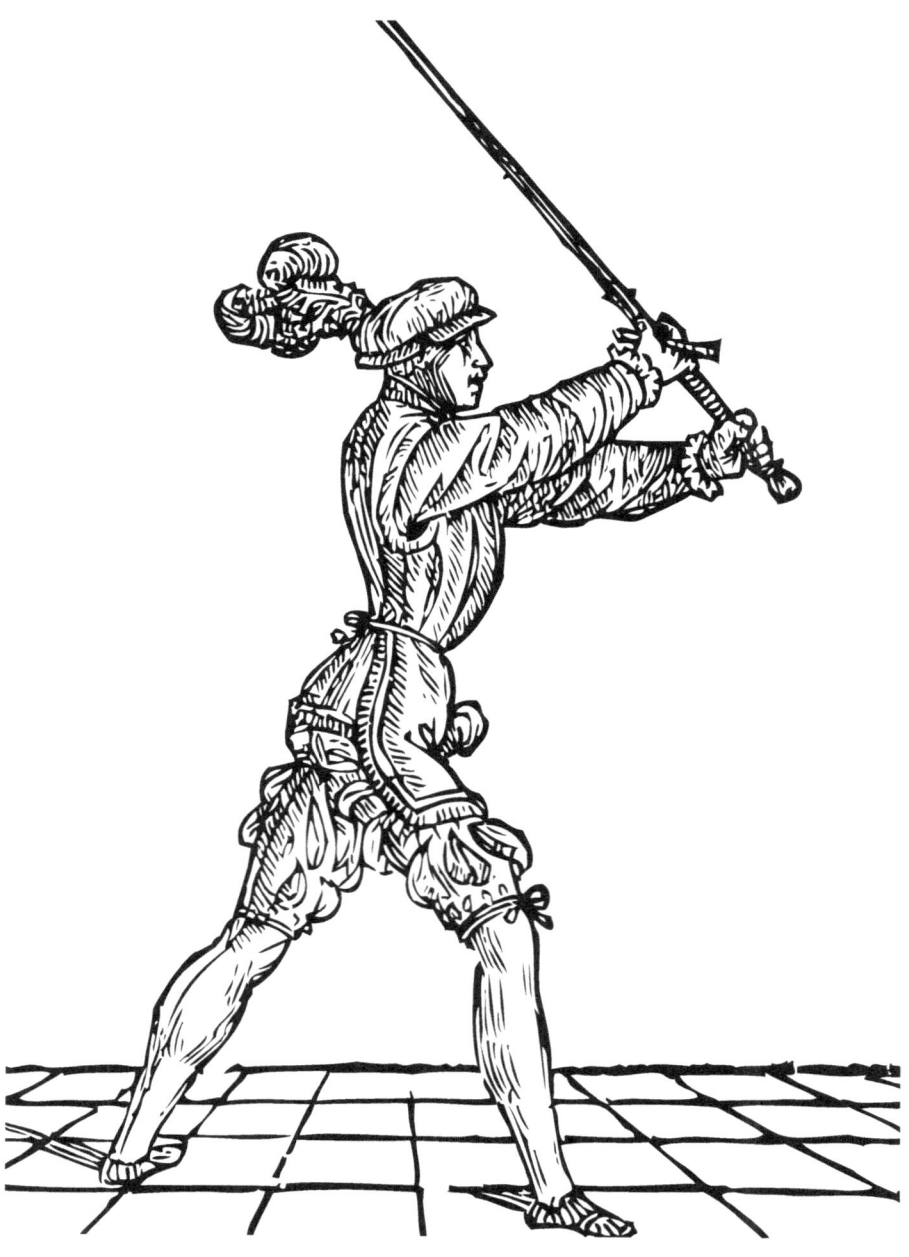

OPERA NOVA
GUARDIA DE BECHA CESA

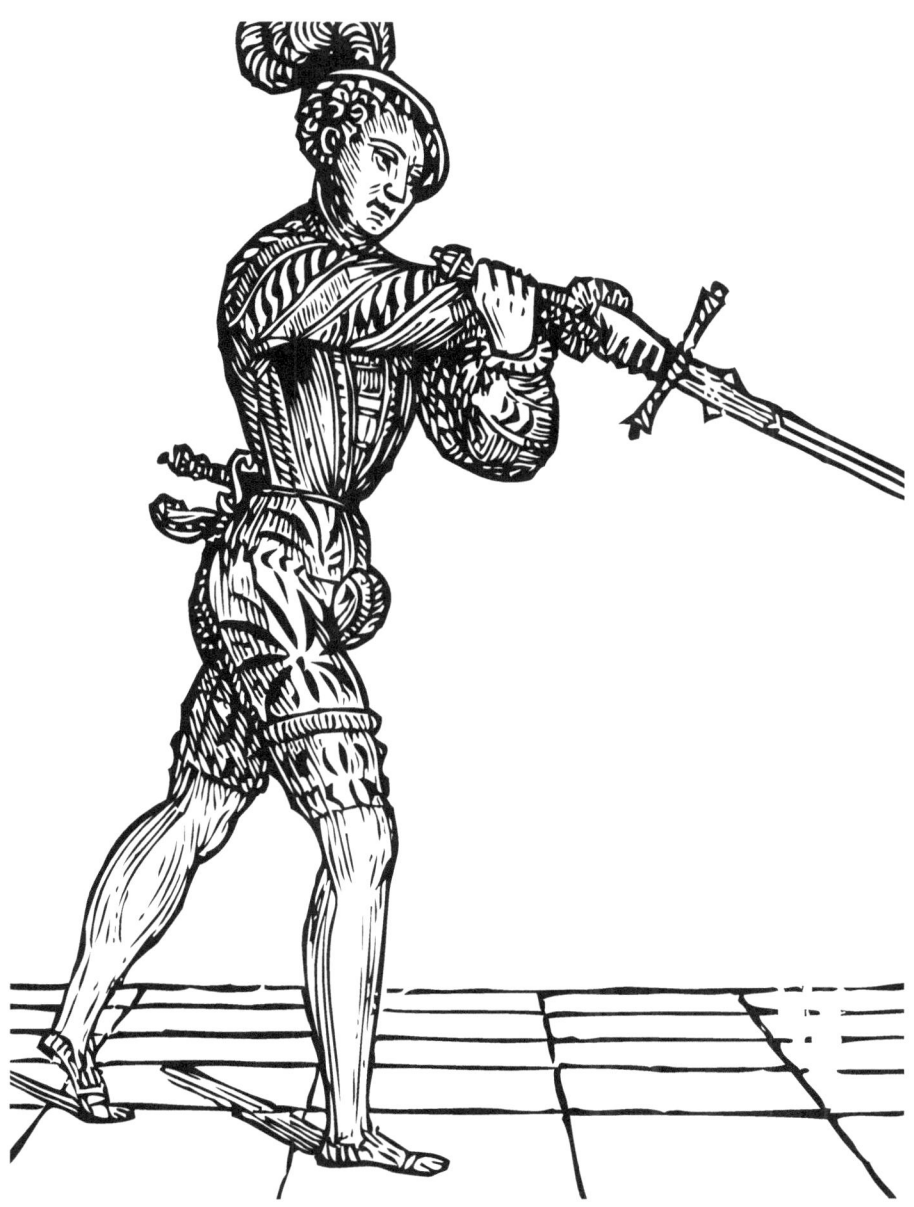

ACHILLE MAROZZO
GUARDIA D'INTRARE NON IN LARGO PASSO

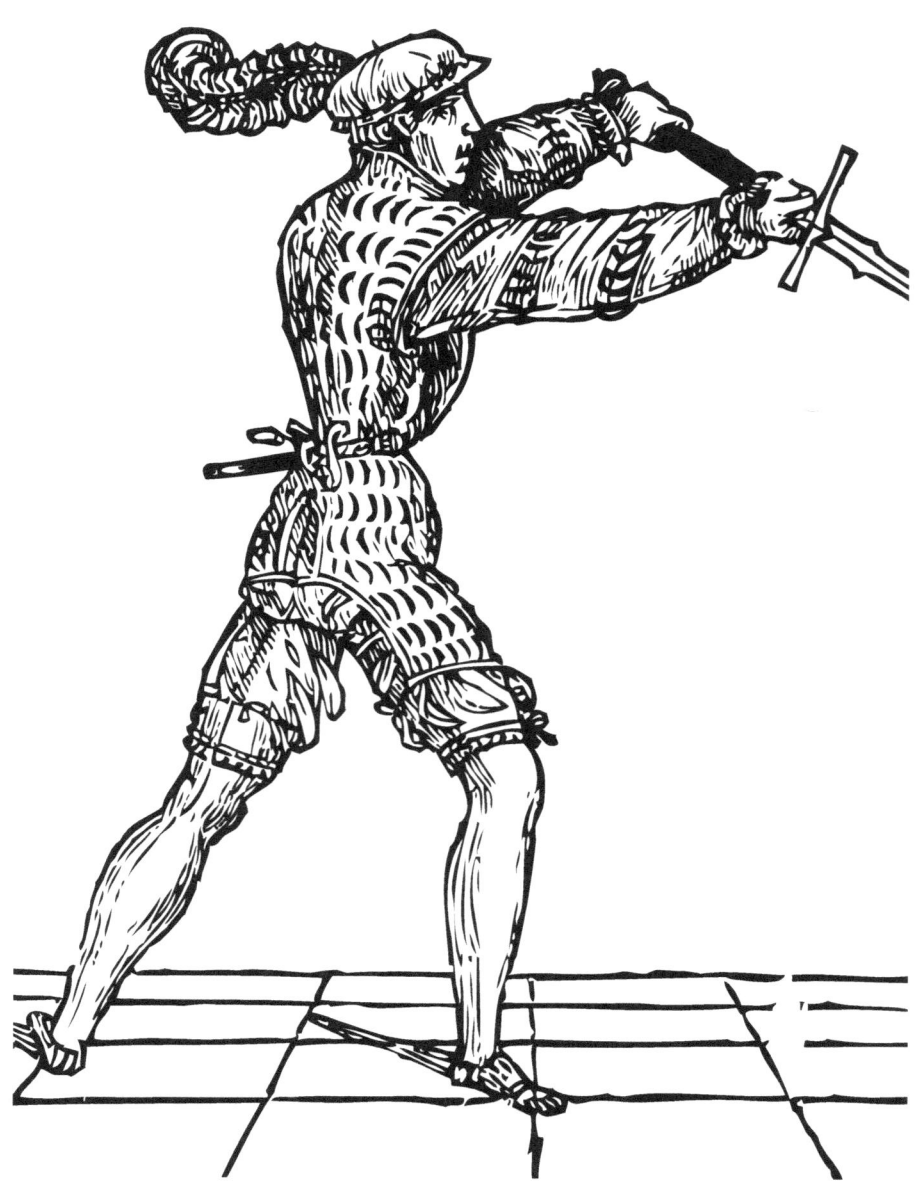

OPERA NOVA
GUARDIA DE BECHA POSSA

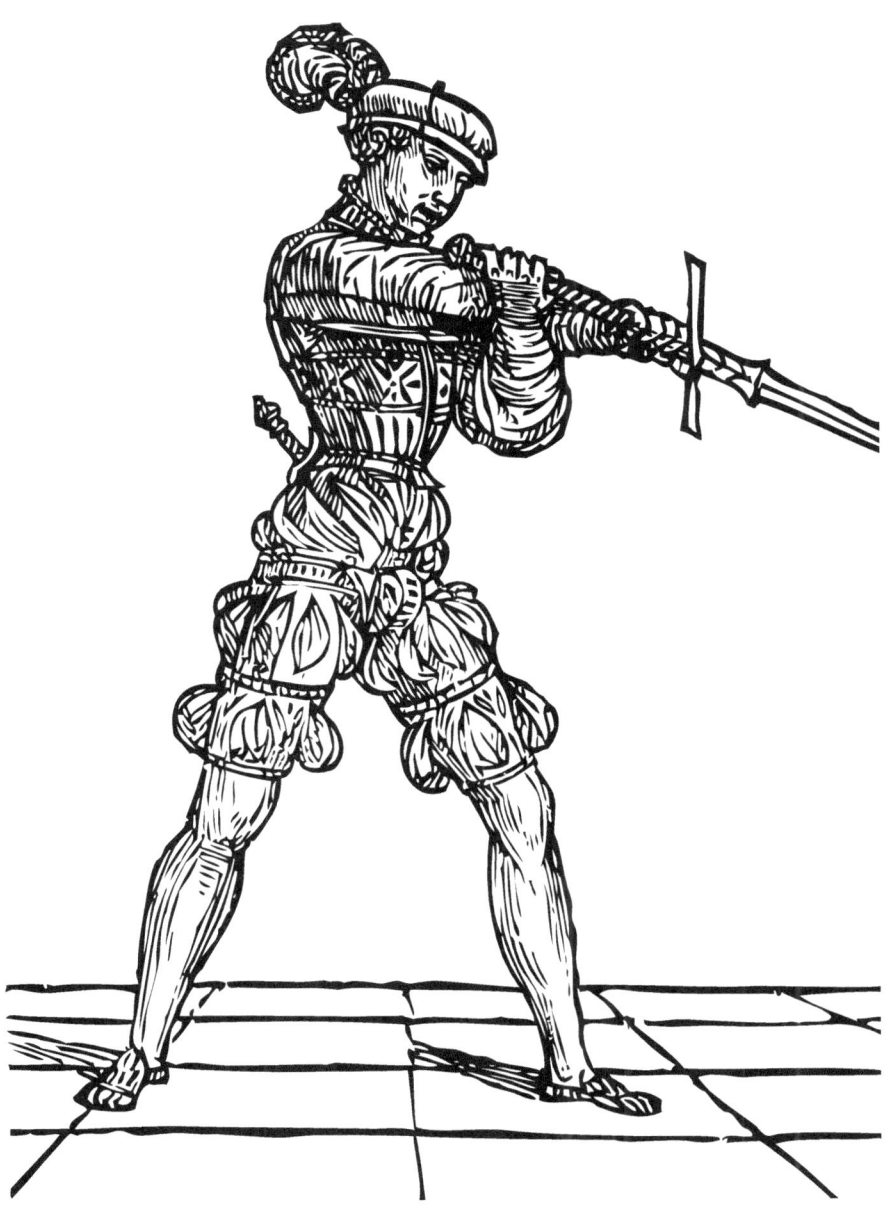

ACHILLE MAROZZO
GUARDIA D'INTRARE IN LARGO PASSO

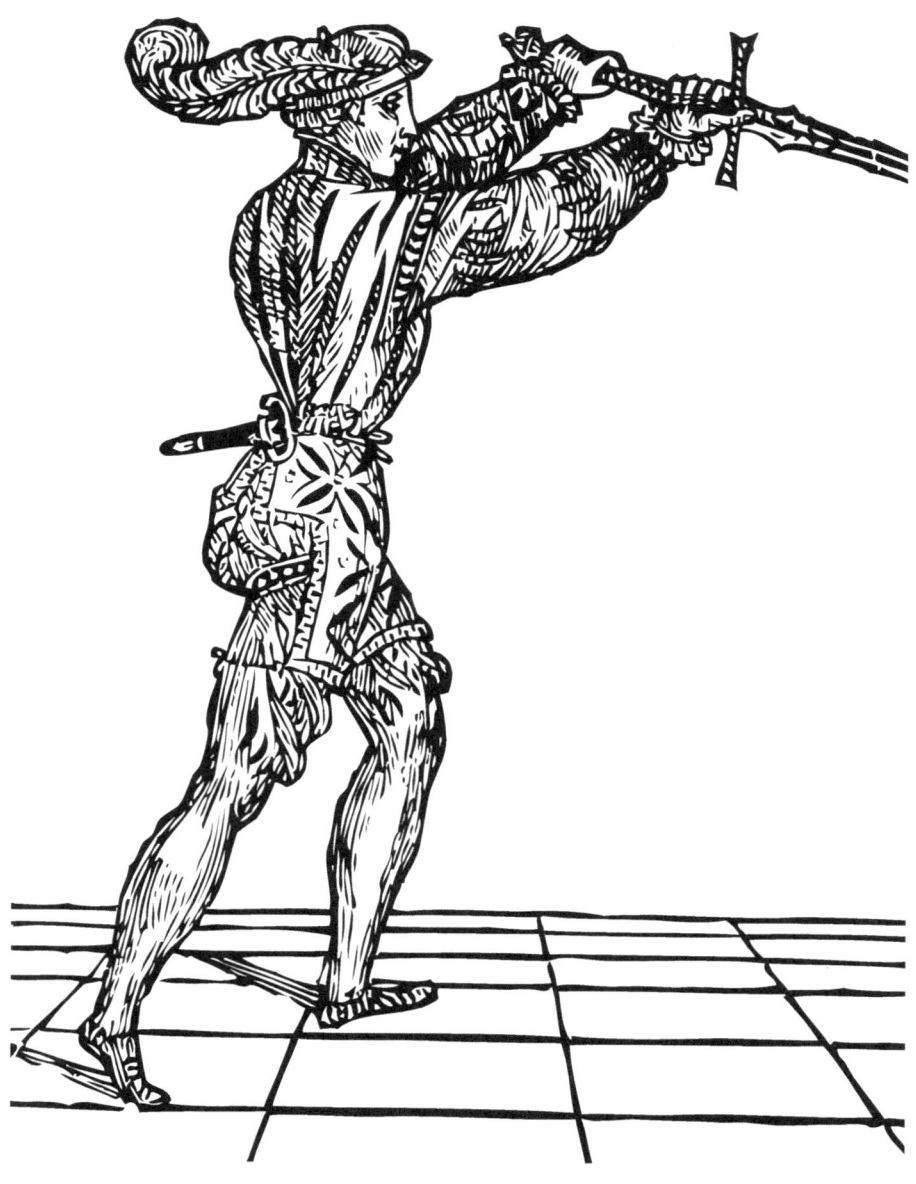

OPERA NOVA
GUARDIA DI FACCIA

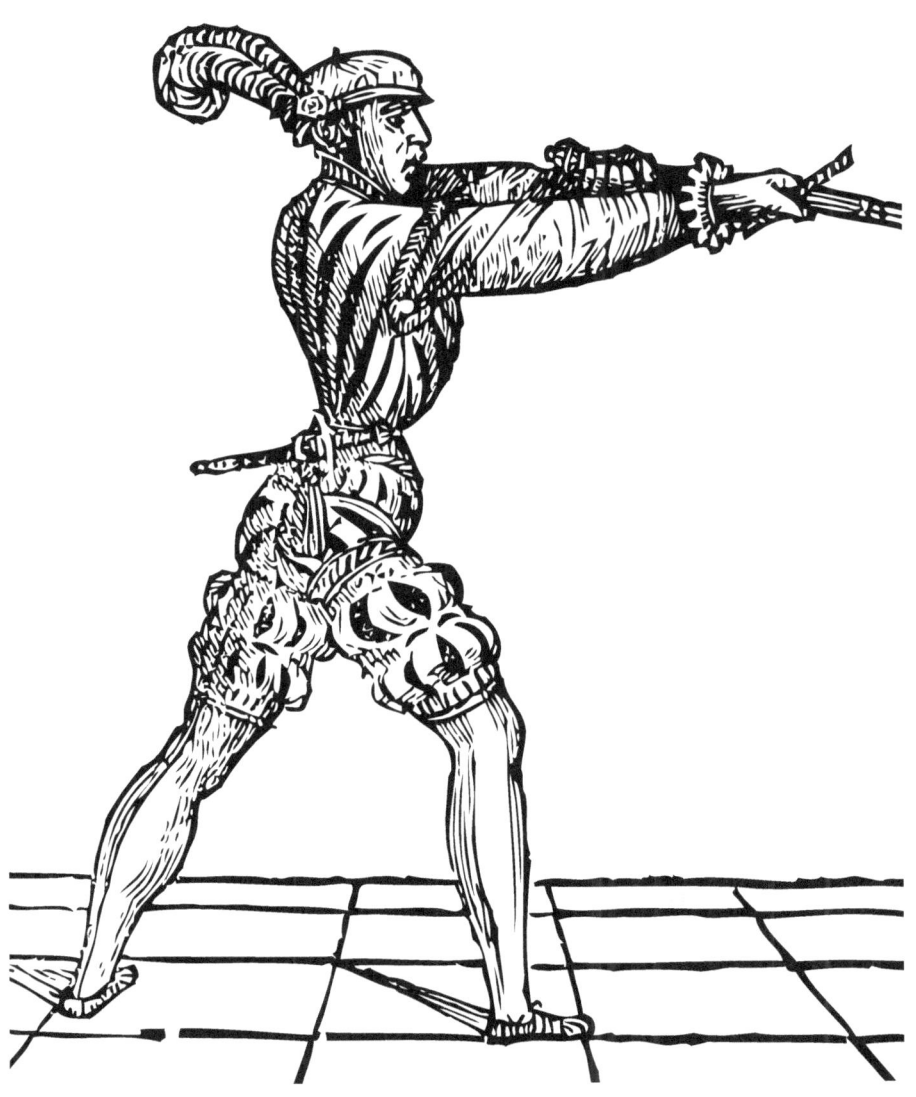

Cap. 170. El quale dechiara quante guardie se puo fare, in la spada da due mani, tra alte e basse.

Notificandoti che in scrittura, e in pittura tu hai visto le Guardie basse, & alte quale me e parle che sieno piu necessarie, niente dimeno, acio che tu sappi quante Guardie se puo fare in la spada da due mane, io te le forniro qui in questo Capitoletto de nominare il resto, ch'io non ne ho fatto mentione alcuna de questo che tu trovarai qui apresso in scrittura, ma non in pittura, perche le sono troppo difficile, e non mostrarebenno naturalmente gli effetti, siche per questo tu me harai per excusato, & contentarate di quelle principale Guardie basse, & alte che tu hai trovato in pittura, ma delle altre che sono rimaste tu le troverai in scrittura, le quale Guardie, eglie porta di ferro acorata, Guardia de spala, Guardia de piede, Guardia de stella, Guardia di gombito, facendoti a sapere che ogni volta che tu pari, o ferissi, sempre tu vai in qualch'una delle sopradette Guardie, come altre volte, e detto, & sono in tutto 24 Guardie tra basse & alte.

Cap. 171. Che dechiara in che modo se de atrovare l'inimico in lo acalare de una Guardia, o vero in lo montare.

Sappi, e questo tiene per certo, che nessuno, che sia assaltato in lo montare de una Guardia, o vero in lo acalare de una Guardia, lui non puo fare coutrario alcuno, se non del naturale cossi come lui non sapesse niente, verbigratia, se tu fusse in Guardia de intrare, el nimico sia per tirarte de uno mandritto elquale acali a porta di ferro alta, o vero larga, e tu alhora in quello suo finire di quella Guardia, e tu sei andato con uno falso impuntato, o vero con una punta delle dette botte, gia disopra come tu sai, avisandoti ch'io te dico che lui non puo fare se non alciare, essendo in la Guardia bassa, e tu questo cerchi che lui alci cosi, ma se lui fusse in la Guardia alta, e tu li fusse gito in lo suo finire, io te aviso chel non puo fare se non de urto, el suo

Chap. 170. Lequel décrit combien de gardes peuvent se faire à l'épée à deux mains, entre les hautes et les basses.

Je t'informe que tu as vu dans les écrits et les illustrations les gardes basses et hautes qui me semblent être les plus utiles. Néanmoins, afin que tu saches combien de gardes peuvent se faire avec l'épée à deux mains, je te fournirai dans ce chapitre les noms des autres dont je n'ai fait aucunement mention et que tu trouveras ci-après à l'écrit mais non en illustration, parce qu'elles sont trop difficiles et que je ne pourrai pas bien montrer leurs desseins naturellement. Donc tu m'excuseras de cela et tu te contenteras des principales gardes basses et hautes que tu as trouvées en illustrations, et tu trouveras à l'écrit celles qui restent. Ces gardes sont *porta di ferro acorata, guardia di spalla, guardia di piede, guardia di stella* et *guardia di gombito.* Je te fais savoir que chaque fois que tu pares et attaques, tu vas toujours dans une de ces gardes ci-dessus comme j'ai déjà dit d'autres fois. En tout, il y a vingt-quatre gardes entre les basses et les hautes.

Chap. 171. Qui décrit de quelle façon l'on doit trouver l'ennemi tombant ou montant dans une garde.

Sache et tiens cela pour certain, que quiconque qui est assailli dans la montée en garde, ou alors dans la tombée en garde, ne peut faire aucun contre sinon que des naturels, comme si lui n'en connaissait plus aucun. Par exemple, si tu es en *guardia d'intrare* et que l'ennemi est pour te tirer un *mandritto* qui tombe en *porta di ferro alta* ou *larga*, alors toi tu vas dans sa tombée en garde avec un *falso impuntato*, ou bien avec une des bottes ci-dessus que tu connais. Et je t'informe que lui étant dans une garde basse, il ne pourra rien faire sinon que de lever, et toi tu cherches à ce qu'il lève ainsi. Mais si lui est dans la *guardia alta* et que tu es allé dans sa finition, je t'informe qu'il ne peut rien faire sinon que de frapper son contre, et toi tu recherches cela.

contrario, e questo cerchi tu. Ma se caso fusse, che tu non lo assaltassi in lo suo montare, o vero in lo suo acalare, io te aviso che te puo rompere la tua fantasia con piu botte.

Si che quando tu voi honore guarda assaltarlo in lo suo acalare, o vero in lo suo montare delle Guardie con li suoi contrarii. Ma se tu atrovassi uno il quale tu non li fussi andato come io te ho detto, fa che tu abelissi il gioco, acio chel se venga amovere faciandoti intendere, chel non si puo movere, che lui non vada in qualche guardia, e tu alhora atrovalo con lo suo contrario, e a questo modo tu haverai honore,

Anchora io te voglio insenare che nessuno non te potra mai strovare per nessuno delli detti modi : cioe fache mai tu non staghi fermo in nessuna Guardia, cioe fa che in lo finire de una che laltra sia comenciata, e a questo modo lui non te potra mai havere in lo acalare, ne in lo montare.

QUESTI SONO LI CONTRARII CHE TU HAI AFARE quando tu fusse a porta di ferro alta, o stretta, o larga, e che uno te venisse assaltare in queste Guardie, sopradette, voglio che tu facci questi tali contrarii, ch'io componero qui di soto in questo

Cap. 172. Deli contrarii delle Guardie sopradette.

Ma sappi che se uno havesse tanto presto le mane, e gambe che lui te atrovasse tu in porta di ferro alta con uno falso impuntato, o vero con la ponta che nascesse de sotto insuso, fa che tu urti la sua ponta con uno roverso a uno tempo, o voi intrare, e poi tirare, elza e entra, el roverso, o voi urtare, e tirarre e desnodare, el mandritto tondo intrente, & a questo modo, el non te dara del suo mandritto, perche la fantasia sua si era di disconciarti della ponta per darti del mandritto della natura che tu sai,

Car si tu es dans le cas où tu ne l'as pas assailli dans sa montée ou dans sa tombée en garde, je t'informe qu'il peut alors rompre ton dessein avec plusieurs bottes.

Ainsi quand tu recherches l'honneur, regarde à l'assaillir dans sa tombée ou bien dans sa montée en garde, avec ses contres. Et si tu en trouves un qui n'est pas allé comme je t'ai dit, fais que tu embellisses le jeu de sorte qu'il vienne à se bouger. Je te fais comprendre qu'il ne peut pas bouger sans aller dans une de ces gardes, et toi alors tu le trouveras avec son contre et de cette façon tu auras de l'honneur.

Également, je veux t'enseigner comment ne jamais être trouvé par une de ces façons : c'est-à-dire fais que jamais tu ne restes sans bouger dans une garde, autrement dit fais que la fin de l'une soit le commencement d'une autre, et de cette façon lui ne pourra pas t'avoir dans la tombée ni dans la montée en garde.

ICI SONT LES CONTRES QUE TU DOIS FAIRE quand tu es en *porta di ferro alta*, ou *stretta*, ou *larga*, et que quelqu'un vient t'assaillir dans ces gardes ci-dessus, alors je veux que tu fasses ces contres que je décris ci-dessous dans ce chapitre.

Chap. 172. Des contres dans les gardes ci-dessus.

Sache que si quelqu'un a les mains et les jambes tellement rapides qu'il te trouve toi en *porta di ferro alta* avec un *falso impuntato*, ou bien avec la *punta* qui va de bas en haut, fais que tu frappes sa *punta* avec un *roverso* dans un temps, ou bien entre et puis tire *elza e entra* et le *roverso*, ou alors frappe et tire et donne un *mandritto tondo* entrant. De cette façon, il ne pourra pas te donner son *mandritto* parce que son dessein était de te déconcerter avec la *punta* pour te donner un *mandritto* de la nature que tu sais.

ma se lui te fesse falsi fallaciati, o vero ponte fallaciate, come e stato detto disopra, alhora tu tira, e desnoda delli mandritti che sai, e a questo modo tu romperai el suo roverso per modo che lui non te potra offendere & haverai rotta la sua fantasia, ma niente di meno con grande difficultà tu te poi salvare, sel nimico te atrovasse in lo pie della Guardia, o vero in lo alciare della sopradetta, ma atrovandoti in Guardia ferma tu lo poi rompere per piu modi, perche tu serai cossi bono come lui

avisandote, che essendo tu in porta di ferro larga, & uno te atrovasse con ponta, o vero con mandritti o con roversi, o con uno falso impontato, e tu in lo suo venire poi trare, o voi elza, e desnoda per testa, o per gamba come sai, o voi fallaciare del mandritto, o voi fallaciare del falso impuntato con quello che siegueno drieto alle dette botte come sai, essendo in li fili delle spade insieme : cioe dritto con dritto, o falso con falso, o voi alciare in Guardia alta con la gamba dritta fugiendo, e con quella retornando con lo trivillato, o voi fugire la tua gamba dritta incavalcata sopra alla tua mancha, & con quella medesima retornare inanci con lo mandritto tondo, o voi fendente, o voi che quando tu sarai fugito con la gamba dritta sopra alla mancha, e con quella tu passarai alquanto inanci, e con la mancha tu farai el tramazoncello de roverso, che acali in Guardia de coda longa e distesa, o voi fare elza e fugie, e refugie, e tira el roverso trivillato, che tiri e entri in largo passo in Guardia de intrare, & a questo modo tu haverai fatto tutti li contrarii alle sue botte, che lui t'ha tratto, siche per questo non te desmenticare.

Mais si lui te fait des *falsi* trompeurs ou des *punte* trompeuses, comme il est dit ci-dessus, alors tu tires et donnes des *mandritti* que tu connais, et de cette façon tu casseras son *roverso* de sorte qu'il ne pourra pas t'offenser et tu auras détourné son dessein. Néanmoins, tu ne pourras te sauver qu'avec grande difficulté si l'ennemi te trouve dans la tombée ou bien dans la montée en garde. Mais s'il te trouve en garde de pied ferme, tu pourras le rompre de plusieurs façons parce que tu seras aussi bon que lui.

Je t'informe que toi étant en *porta di ferro larga* et qu'un te trouve avec une *punta* ou bien avec des *mandritti* ou des *riversi*, ou avec un *falso impuntato*, toi dans son avancée pour frapper, soit tu feras *elza* et tu donneras à la tête ou à la jambe comme tu connais, ou bien tu tromperas du *mandritto* ou du *falso impuntato*, avec ce qui suit ces bottes comme tu connais en étant ensemble aux fils des épées, c'est-à-dire à droit fil contre droit fil ou à *falso* contre *falso*. Ou bien tu lèveras en *guardia alta* en fuyant de la jambe droite et retourneras avec celle-ci et avec le *trivillato*. Ou bien tu fuiras de ta jambe droite en la montant par-dessus ta gauche, et avec cette même jambe tu retourneras en avant avec un *mandritto tondo* ou un *fendente*. Ou bien quand tu auras fui avec la jambe droite par-dessus la gauche, avec celle-là tu passeras un peu devant et avec la gauche tu feras le *tramazzoncello de roverso* qui tombera en garde de *coda longa e distesa*. Ou bien tu feras *elza e fugie* et tu fuiras et refuiras et tireras le *roverso trivillato* qui tire et entre en *guardia d'intrare in largo passo*. De cette façon, tu auras fait tous les contres à ses bottes qu'il te tire, donc n'oublie pas cela.

QUI SONO LI CONTRARII ESSENDO TU IN Guardia de intrare in largo passo, e che tu volesse essere patiente : cioe tu volesse aspettare el nimico, che tirasse prima di te.

Cap. 173. Delli contrarii essendo tu in Guardia d'intrare in largo passo, e uno te venesse assaltare.

Ma sappi che se tu fussi assaltato, essendo tu in Guardia d'intrare in largo passo, io voglio che sappi quanti contrarii se puo fare, quando tu serai atrovato inla detta Guardia d'intrare. Ma nota per Regula ferma, che come tu sei paciente, fa che subito tu sia agente con le botte che seguino come sai, cioe consenti con lo piede dritto in drieto, e tra uno roverso in Guardia distesa che torni in Guardia de Croce, e poi intrando, o fugiendo con la spada in Guardia de facia, e anchora tu poi desnodare de uno mandritto de Guardia de facia, o voi fare uno falso mancho che monti in Guardia alta, ma quado tu sera ili voglio che tu sie agente, o con lo trivellato, o con lo mandritto, per li modi che sai anchora tu poi fare uno falso impuntato mancho che vada in Guardia de facia incrosato, o voi spingiere de una ponta desotto insuso, e tira ingioso dritto, o roverso anchora in lospingiere della detta ponta, tu la puoi fallaciare, e seguirli drieto delle botte che seguano come io t,ho insegnato. Siche quando tu fussi in la detta Guardia d'intrare in largo passo, & uno te venisse a trovare per farti adispiacere tu hai a tenere questo ordine infrascritto.

QUI SONO FINITI LI CONTRARII ESSENDO TU IN GUARDIA D'INTRARE IN LARGO PASSO

ICI SONT LES CONTRES QUAND TU ES EN *guardia d'intrare in larga passo* et que tu veux être patient, c'est à dire tu veux attendre que l'ennemi t'attaque en premier.

Chap. 173. Des contres quand tu es en *guardia d'intrare in largo passo* **et que quelqu'un vient t'assaillir.**

Si tu es assailli en étant en *guardia d'intrare in largo passo*, je veux que tu saches combien de contres peuvent se faire quand tu seras trouvé dans cette garde. Note pour règle certaine que comme tu es patient, tu feras qu'aussitôt tu sois agent avec les bottes qui suivent comme tu sais, c'est-à-dire consens avec le pied droit derrière et tire un *roverso* en *guardia distesa* qui retourne en *guardia di croce*, et puis entre ou fuis avec l'épée en *guardia di faccia*. Également, tu peux donner un *mandritto* de *guardia di faccia*, ou bien faire un *falso manco* qui monte en *guardia alta*. Et quand tu seras là, je veux que tu sois agent soit avec le *trivellato* soit avec le *mandritto*, par les façons que tu connais. Tu peux également faire un *falso impuntato manco* qui va en *guardia di faccia* croisée, ou bien pousser une *punta* de bas en haut et tirer un *mandritto* en bas, ou un *roverso*. Également, dans la poussée de cette *punta*, tu peux la tromper et continuer par-derrière avec les bottes qui suivent comme je t'ai enseigné. Donc quand tu es dans cette *guardia d'intrare in largo passo* et qu'un vient te trouver pour te déplaire, tu dois suivre ces règles ici écrites.

ICI SONT FINIS LES CONTRES TOI ÉTANT EN *GUARDIA D'INTRARE IN LARGO PASSO*

QUESTO SIE UNO AMAESTAMENTO CHE ESSENDO TU IN GUARDIA DE TESTA, A VOLERE ANDARE SICURAMENTE A TROVARE UNO : CIOE ESSERE AGIENTE PER FERIR EL NIMICO IN QUANTI MODI. ADONQUE ATTENDI BENE

Cap. 174. De guardia de testa.

Ma sappi che essendo tu in la detta Guardia di testa, a volere essere perfettamente agiente, io te facio asapere chel nimico vorria essere in quello medesimo atto, o vero in coda longa e larga, o in coda longa, & alta, & a questo modo tu lo poi andare atrovare securamente, perche voi seti tramendui in atti buoni, e adonque, atrovalo con uno falso dritto che vada in Guardia de intrare in largo passo, & con lo mandritto insieme che vada in Guardia de facia, e tu quando el nimico sera in coda longa, & alta, o in coda longa, e larga, alhora atrovalo con lo medesimo modo, ma aredoppia el mandritto : cioe tu ne farai dui, ma fa che lultimo mandritto se fermi in Guardia de facia, e sappi che questo dira si che vole dire altre botte che sieguano : cioe se tu hai filo dritto con filo dritto siegui la botta secondo la natura sua,

anchora tu lo poi atrovare se lui sera in coda longa & alta in atto perfetto, atrovalo con el falso dritto che vada in Guardia d'intrare in largo passo, ma redutto alquanto un pocho, e li tira el roverso de Guardia destesa, anchora tu lo poi fare con uno falso dritto fallaciato impuntato, che vada in Guardia de facia, e spingie, e entra, e passa a megia spada, e li tra el roverso de Guardia destesa, intendesi che lui sia in coda longa, & alta, o voi atrovarlo con lo falso detto dritto falsegiato incrosiato, e desnodali el mandritto tondo, o voi sgualembrato, & anchora essendo lui in coda longa, & alta, tu lo poi con lo megio tempo per dui modi che sai, o voi atrovarlo per lo modo della botta doppia, ma se lui fusse in coda longa, e larga, a trovalo con la becha cesa, si che per questo tu hai veduto per quanti modi tu poi atrovare el tuo inimico, essendo tu in la Guardia sopradetta. Adonque per questo non ti dismenticare.

QUI SONO FINITI LI FERIRI ESSENDO TU IN GUARDIA DE TESTA.

CECI EST UNE DÉMONSTRATION QUAND TU ES EN *GUARDIA DI TESTA* ET QUE TU VEUX ALLER TROUVER QUELQU'UN DE FAÇON SÛRE : C'EST À DIRE ÊTRE AGENT POUR FRAPPER L'ENNEMI DE MULTIPLES FAÇONS. DONC, ÉCOUTE BIEN.

Chap. 174. La *guardia di testa*.

Sache que quand tu es en *guardia di testa* et que tu veux être parfaitement agent, je t'avise que l'ennemi devra être dans cette même garde ou en *coda longa e larga* ou en *coda longa e alta*. De cette façon, tu pourras aller le trouver en sécurité parce que vous serez tous les deux dans de bonnes positions. Donc tu le trouveras avec un *falso dritto* qui va en *guardia d'intrare in largo passo* et avec le *mandritto* qui va en *guardia di faccia*. Et quand l'ennemi sera en *coda longa e alta* ou en *coda longa e larga*, tu le trouveras alors de la même façon, mais en doublant le *mandritto*, c'est-à-dire que tu en feras deux avec le dernier qui s'arrêtera en *guardia di faccia*. Et sache que cela dictera ce que doivent être les autres bottes qui suivront, c'est-à-dire que si tu es à droit fil contre droit fil, la botte suivra suivant sa nature.

Également, tu peux le trouver quand lui sera en *coda longa e alta* d'une façon parfaite avec le *falso dritto* qui va en *guardia d'intrare in largo passo*, mais un petit peu réduit, et tu lui tires le *roverso* de *guardia distesa*. Également, tu peux lui faire un *falso dritto impuntato* trompeur qui va en *guardia di faccia* et tu pousses et entres et passes à la mi-épée, et lui tires le *roverso* de *guardia distesa*, comprends que lui est en *coda longa e alta*. Ou bien tu le trouves avec ce *falso dritto* trompeur en croisant et tu lui donnes le *mandritto tondo* ou *sgualembrato*. Également, lui étant en *coda longa e alta*, tu peux le trouver avec le demi-temps des deux façons que tu connais, ou alors tu le trouveras avec la botte double. Et si lui est en *coda longa e larga*, tu le trouveras avec la *becha cesa*. Donc avec cela tu as vu de combien de façons tu peux trouver ton ennemi, étant dans la garde ci-dessus. Donc tu n'oublieras pas tout cela.

ICI SONT FINIES LES ATTAQUES TOI ÉTANT EN *Guardia di testa*.

Cap. 175. Elquale tratta delli contrarii che tu hai a fare contra allo inimico, che t'ha trovasse tu con le sopraditte botte, essendo tu in la detta Guardia de testa.

Essendo tu in la detta Guardia de testa, uno te assaltasse con alcune delle sopradette botte, maxime con lo tramazon dritto, o con lo mandritto, alhora fa quello medesimo con la tua gamba mancha incrosando per de drieto alla dritta tua, e puo passa inanci intraverso, e tira el mandritto. Avisandote che la magior parte delle volte tu romperai el suo roverso per modo che tu li potrai fare prima di lui,

o voi in nel tirare del suo mandritto, tira el tuo con la gamba dritta, & mancha, fugiendo in Guardia de facia, acio chel te siegua con li dui mandritti, e anchora sel te atrovasse per lo detto modo aspettalo el suo mandritto, e alhora tramacia in la spada sua con lo tramacion dritto, o voi fare la botta dopia in lo suo mandritto, o farai lo megio tempo per dui modi come sai, o voi in lo tirare del tuo mandritto fallaciare incrosiato, e anchora fallaciare el mandritto con lo tramazoncello. Siche a questo modo tu te serai difeso contra uno che te atrovasse in Guardia di testa, con le botte sopradette, e qui finiremo li contrari de la detta Guardia di testa.

Cap. 176. Della finitione della spada da doe mano contra spada.

Hora al nome de Dio, io ho finito larte de la spada da due mane, contra a unaltra spada pure sopradetta. Cioe de gioco largo, e de stretto, e prese come in questo tu hai possuto vedere, e a filo dritto, e anchora a filo falso.

FINIS LAUS DEO.

Chap. 175 Lequel traite des contres que tu dois faire contre un ennemi qui te trouve avec les bottes ci-dessus quand tu es dans cette *guardia di* testa.

Étant dans cette *guardia di testa* et un t'assaillant avec quelques-unes des bottes ci-dessus, généralement avec le *mandritto tramazzone* ou bien avec le *mandritto*, alors fais de même en croisant ta jambe gauche par-derrière ta droite, et tu pourras passer devant de travers et tirer un *mandritto*. Je t'informe que dans la majeure partie des cas tu casseras son *roverso* de sorte que tu pourras le lui faire en premier.

Ou bien dans sa frappe de *mandritto*, tu tireras le tien en fuyant de la jambe droite et de la gauche en *guardia di faccia*, de sorte qu'il te suive avec les deux *mandritti*. Et s'il te trouve de cette façon, attends son *mandritto* et alors frappe dans son épée avec le *dritto tramazzone*, ou bien fais la botte double dans son *mandritto*, ou alors fais le demi-temps des deux façons que tu connais. Ou bien dans ta frappe de *mandritto*, trompe en *incrociato*, ou aussi trompe le *mandritto* avec le *tramazzoncello*. Donc par ces façons tu te seras défait d'un qui te trouve en *guardia di testa* avec les bottes ci-dessus. Et ici nous finirons les contres de cette *guardia di testa*.

Chap. 176. De la fin de l'épée à deux mains contre l'épée.

Maintenant, au nom de Dieu, j'ai fini l'art de l'épée à deux mains contre une autre épée comme celle-ci. C'est-à-dire au jeu large, au rapproché, et aux prises comme ici tu as pu voir, au droit fil comme au faux.

JE FINIS LOUANT DIEU

GARDE CONTRE LES ARMES D'HAST

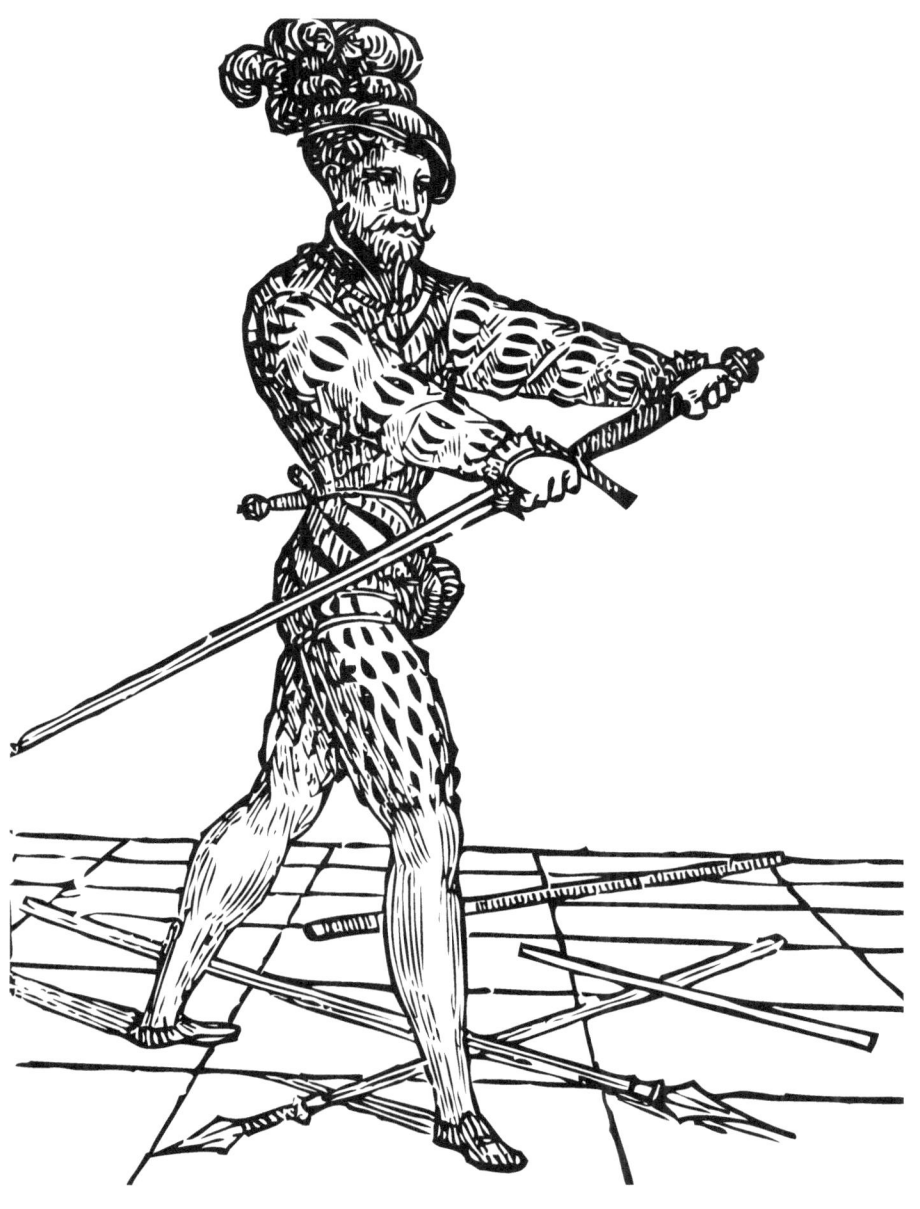

Cap.177. Del modo che tu hai a tenere, havendo tu la spada da due mane contra l'arme inastate.

Questo sie uno contrasto, che chi havesse la spada da due mano, e un'altro havesse un'arma inastata, sia di che sorte si voglia, se ben fusse partesana lanciata, io te daro il modo, e la via che valentemente tu ti difenderai securamente, e stara lui a gran pericolo, che tu non li faci a dispiacere a lui quasi senza mancare se tu haverai cor'in corpo, a ben che io non te conforto a fare tale paragone, perche lavantagio me lo torria sempre io, per me, ma pure quando el fusse uno caso che tu non potesse fare altra cosa andarai securamente con queste cose ch'io te componero qui desotto.

Prima Regula

Essendo tu al constrasto con uno, che havesse la spada da due mane in mane, io voglio che subito tu te assetti contra el nimico in coda longa e larga, cioe con el tuo pie mancho inanci. Ma se tu non sapessi quale e questa guardia guardarai qui de drieto in questo che li seranno disegnato le figure, che desmostraranno in modi, & ieferi de tutte le guardie alte, & basse, e li loro nomi, cosi di spada da due mane, come da una, ma prima credo che tu habbi trovato prima quelle da una mano, perche le sono difereciate luna da laltra une gran parte.

Seconda Regula.

Sapendo tu che quando tu fussi con la spada in mano, e che tu fusse contra a uno che non havesse ragione d'armi, o vero che tu te abattesse in compagnia, tu pigliarai la spada manescamente come tu faresti, se tu havesse a fare a cortellate, e si te metterai in coda longa, e larga come disopra te dissi, e li voglio che tu lassi prima tirarre el tuo nimico sapendo tu che lui non puo tirare se non de ponta dalla corregia ingioso, o vero dalla corregia insuso,

Chap. 177. De la façon que tu dois tenir ayant l'épée à deux mains contre une arme d'hast.

Ceci est une opposition entre un qui a l'épée à deux mains et un autre qui a une arme d'hast du type dont il a envie, aussi bien qu'une pertuisane lancée. Je vais te donner les façons et les voies par lesquelles tu te défendras avec vaillance de façon sûre afin qu'il aille vers un grand danger que tu ne regretteras pas de lui faire presque à coup sûr si tu as le courage dans le corps. Si bien que je ne t'invite pas à faire de tels parangons[15], parce que j'aurai toujours l'avantage pour moi. Mais quand il sera un cas où tu ne puisses pas faire autrement, tu iras en sécurité avec ces choses dont je te parlerai ici en dessous.

Première règle.

Étant toi avec l'épée à deux mains opposé à quelqu'un, je veux qu'aussitôt tu t'arranges contre l'ennemi en *coda longa e larga*, c'est-à-dire avec ton pied gauche devant. Mais si tu ne sais pas quelle est cette garde, tu regarderas ici après où sont dessinées les figures qui démontrent les façons et les frappes de toutes ces gardes hautes et basses, ainsi que leurs noms, aussi bien à l'épée à deux mains qu'à une main. Et je crois que tu trouveras au début celles à une main parce qu'elles sont différentes les unes des autres en grande partie.

Seconde règle.

Sache que quand tu es avec l'épée en main et que tu es contre un qui ne connaît pas les armes, ou bien quand tu combats accompagné, alors tu prendras l'épée fermement en main, comme tu fais quand tu dois faire des frappes et tu te mettras en *coda longa e larga* comme je t'ai dit ci-dessus. Là, je veux que tu laisses tirer ton ennemi en premier, sachant que lui ne peut tirer qu'une *punta* de la ceinture en bas, ou bien de la ceinture en haut.

15   dans le sens de confrontation

ma io proponero che lui tragha prima dalla corregia insuso alla parte de sopra de una ponta tu starai atento, e guardali all'asta del tertio insuso verso el ferro, maxime alla ponta della sopradetta, e in quel tempo che lui tirerra la detta ponta alle parte desopra tu butterai la tua gamba, o vero pie dritto intraverso alquanto un poco inanci tirarai de uno mandritto traversato attraverso la sua detta asta, el qual mandritto achalara in porta de ferro larga, e la gamba manca seguira la dritta, e se lui di novo te respondesse d'alto, o da basso, che tu non li havesse tagliato l'asta sua tu butterai el pie, o vero gamba dritta verso le tue parte manche, e li metterai el filo dritto della tua spada in la su'asta in fuogia de guardia de intrare, e parerai la sua botta, e a uno tempo medesimo tu passerai della gamba manca verso le sue parte dritte, e se li tirerai de uno roverso che acalera in coda longa, e larga come prima, e li starai aparato per parare la ditta ponta dalla corregia ingioso,

ma se lui te tirasse della detta arme in'astata dalla corregia in gioso tu butterai la ditta gamba dritta in quello luoco de prima e tirerali in buttare de uno falso desotto insuso atraverso l'asta, cioe uno falso dritto, e far che la gamba mancha siegua la dritta al luoco suo, e poi s'el te parera tu tornerai in quella guardia de prima. Ma guarda se tu non volesse fare questo falso dritto, passato tu butterai in el tirare, che lui fara el pie mancho verso le tue parte dritte, e in tale passare tu metterai el falso della tua spada sotto la sua asta, e del pie dritto tu passarai verso le sue parte manche, & si li darai de uno mandritto a traverso la testa, o le bracie, e si serai andato con la spada importa di ferro larga, e di li tu butterai la tua gamba mancha intraverso, e si ti metterai con la spada in guardia deintrare in largo passo, e sappi che questa guardia sie perfetta contra armi in astata per venire alle prese con el tuo nimico, o sapere, o non sapere ragione de armi.

Et je supposerai que lui tire en premier une *punta* de la ceinture en haut à la partie du dessus. Tu resteras attentif et tu regarderas le tiers haut vers le fer de l'hast, généralement à la pointe de celle-ci, et dans le temps où il tirera cette *punta* à la partie supérieure, tu jetteras ta jambe ou ton pied droit de travers un peu devant et tu tireras un *mandritto traversato* à travers son hast, ce *mandritto* tombera en *porta di ferro larga* et la jambe gauche suivra la droite. Et si lui te répond de nouveau en haut ou en bas, car tu ne lui auras pas taillé son hast, tu jetteras le pied ou la jambe droite vers ton côté gauche et tu mettras le droit fil de ton épée dans son hast, dans l'extérieur en *guardia d'intrare* et tu pareras sa botte. Et dans un même temps tu passeras la jambe gauche vers son côté droit et tu lui tireras un *roverso* qui tombera en *coda longa e larga* comme au début. Là, tu resteras prêt pour parer la *punta* de la ceinture en bas.

Et si lui te tire de cette arme d'hast de la ceinture en bas, tu jetteras la jambe droite à cette place du début et tu l'attaqueras en frappant d'un *falso* de bas en haut à travers l'hast, c'est-à-dire d'un *falso dritto*, et fais que la jambe gauche suive la droite à sa place. Ensuite, si cela te plaît, tu retourneras dans la garde du début. Et regarde que si tu ne veux pas faire ce *falso dritto*, en passant tu jetteras le pied gauche vers ton côté droit dans l'attaque qu'il fera, et dans ce pas tu mettras le *falso* de ton épée sous son hast et tu passeras du pied droit vers son côté gauche et tu lui donneras un *mandritto* à travers la tête ou les bras, et ainsi tu seras arrivé avec l'épée en *porta di ferro larga*. De là, tu jetteras ta jambe gauche de travers et tu te mettras avec l'épée en *guardia d'intrare in largo passo*. Et sache que cette garde-là est parfaite contre les armes d'hast pour en venir aux prises avec ton ennemi qu'il connaisse ou non le maniement des armes.

E sappi che se tu fussi in la sopradetta guardia de coda longa, e larga, e uno te lanciasse una partesana, io voglio che vedendo la ditta parteiana venire che tu passi della tua gamba dritta in quello medesimo modo, e tirerai el medesimo falso dritto pure tornando presto in la Guardia de prima, e anchora se lui te lanciasse del meggio insuso tu butterai la gamba dritta in quello medesimo luoco ch'io te dissi quando lui te tirava della ponta alla facia, e li tirerai de uno medesimo mandritto traversato a traverso l'asta come sai, e presto tornarai in coda longa, e larga come prima te amaestrai, e sempre tenerai questo ordine maxime havendo la spada mascamente come io t'ho detto.

Tertia Regola

E sappi che questo ordine ilquale io te mettero qui in questa ultima parte de spada da due mane, sera una cosa molto utile contra ogni persona se bene sapesse adoperare le arme come tu, & habia lui che armi se voglia da Roncha infuora, e Spedo : Ma contra ogni altra sorte d'armi che sia. Questo tenere ch'io te daro sie una cosa perfetta, e de piu forte tenere de spada che non e se tu fusse in Guardia d'intrare in largo passo, se ben uno te lanciasse armi alcuna, tu poi parar securamente come sai che piu, e piu volte ne ho fatto parangone, ma sappi perche te dico che non e sicura contra a Roncha, e Spedo solo ad effetto per amore della man dritta che portaria pericolo, per amore delle come dello Spedo, e della Roncha el becco dinanci per la tua mano che conviene andare desotto da lelzo una spanna come te diro piu oltra.

Quarta Regola

Hora sappi che se tu fussi alemani con uno che havesse una Partesana, o uno Lancioto, o Giannetta, o quadrello, tu te metterai contra a quello con el tuo pie, o vero gamba mancha inanci, e piglierai la spada tua con la tua mano mancha apresso

Et sache que si tu es dans cette garde de *coda longa e larga* et qu'un te lance une pertuisane, je veux qu'en voyant cette pertuisane venir, tu passes de ta jambe droite de la même façon et que tu tires le même *falso dritto* en retournant bien rapidement dans la garde du début. Également, s'il la lance du milieu vers le haut, tu jetteras ta jambe droite à la même place que je t'ai dit quand il tirera de la *punta* à la face, et tu lui tireras le même *mandritto traversato* à travers l'hast comme tu connais, et rapidement tu retourneras en *coda longa e larga* comme au début je t'ai montré. Et tu suivras toujours ces règles en ayant l'épée bien fermement en main comme je t'ai dit.

Troisième Règle.

Sache que cette règle que je te mettrai ici dans cette dernière partie sur l'épée à deux mains est une chose bien utile contre toute personne sachant aussi bien utiliser les armes que toi et ayant l'arme qu'il désire excepté la ronconne et l'épieu, mais contre tout autre type d'arme qui soit. Ce que je vais te donner est une chose parfaite, et tu dois tenir plus fortement l'épée si tu n'es pas en *guardia d'intrare in largo passo*. Si bien qu'un te lançant une arme quelconque, tu pourras parer en sécurité comme tu sais et dont plusieurs fois j'en ai fait le parangon. Et sache, parce que je te le dis, que cela n'est pas sûr contre une ronconne ou un épieu, seulement en raison du danger que cela apporte à la main droite à cause des cornes de l'épieu et du bec de la ronconne. Pour le bien de ta main, il convient d'aller d'un empan sous la garde comme je te dirai plus ailleurs.

Quatrième règle.

Maintenant sache que si tu es aux mains avec un qui a une pertuisane, une lance, une *giannetta*[16] ou un *quadrello*, tu

---

16   *giannetta* : genette, arme espagnole, *jineta*, lance courte utilisée à pied ou à cheval, et pouvant être lancée.

el pomo come e usanza, e la dritta tu la metterai tra lelzo grande e piccolo della tua spada, e li t'assetterai in coda longa, e larga, tenendo l'ochio fermo alla ponta dell'armi del tuo nimico,

e li starai alerta, perche se lui te tirasse alle bande desopra de una ponta come sai che lui non po tirare altro, tu butterai la tua gamba dritta inanci un pocho verso le sue parte manche, e in la sua asta tu li metterai el dritto filo della spada tua acociando in tal passare la gamba tua mancha de drieto dalla dritta, e la dritta in tal tempo crescera forte verso el nimico, e si li caciarai una ponta infalsada in la facia, o in lo petto, e se lui se volesse tirare indrieto tu el seguirai sempre, per modo che tu li leverai larmi sua di mano.

Ma se lui te volesse agabbare con viste, o con infincione alcuna non te lassare mai passare la spada tua dinanci dalla presentia sua, e tua, & a questo modo lui non te potra mai agabbare, perche se lui tirasse da basso dallato dentro, o d'alto tu parerai sempre con lo dritto filo della spada tua :

ma se lui tirera d'alto, o da basso per defuora verso le tue parte dritte tu parerai con lo falso della tua detta spada, e parato che tu haverai sempre del ditto falso, se lui tirera d'alto tu crescerai di quella gamba che sera drieto a laltra, e se li segarai per lo suo collo, mai non labandonando tu per modo che lui venga a lassare larmi sua, che lui havera in mano,

ma se lui te tirasse alle bande desotto, che tu fusse con la spada in coda longa, e larga tu passarai della ditta gamba tua dritta come disopra te dissi, e se li metterai el filo dritto della spada tua in la sua asta, e presto tu passarai in uno tempo solo della tua gamba mancha verso le sue parte dritte, e darai in tal passare de una volta alla tua spada per desotto dallato dentro in modo chel tuo falso sera scontro dell'asta sua spingiendo la ditt'asta sua infuora con lo detto falso tuo, e del filo dritto tu li darai in

te mettras contre lui avec ton pied ou ta jambe gauche devant et tu prendras ton épée avec ta main gauche près du pommeau comme il est d'usage, et tu mettras la droite entre la grande et la petite garde de ton épée, là tu t'arrangeras en *coda longa e larga* en tenant l'œil fermement à la pointe de l'arme de ton ennemi.

Tu resteras vigilant parce que s'il te tire un *punta* à la partie supérieure, comme tu sais qu'il ne peut pas tirer autre chose, tu jetteras ta jambe droite en avant un peu vers son côté gauche, et tu lui mettras le droit fil de ton épée dans son hast en plaçant dans ce mouvement ta jambe gauche derrière la droite et la droite dans ce temps avancera fortement vers l'ennemi. Tu lui pousseras alors une *punta infalsata* dans la face ou dans la poitrine. Et s'il veut se retirer en arrière, tu le suivras toujours de sorte que tu lui enlèveras son arme des mains.

Mais s'il veut te tromper avec des feintes ou avec certains camouflages, tu laisseras toujours ton épée à sa présence et de cette façon il ne pourra jamais te tromper. Parce que s'il tire en bas ou haut du côté intérieur, tu pareras toujours avec le droit fil de ton épée.

Mais s'il te tire en haut ou en bas par l'extérieur vers ton côté droit, tu pareras avec le *falso* de ton épée. Et toujours en ayant paré de ce *falso*, s'il te tire en haut tu avanceras de la jambe qui sera derrière l'autre et tu le tailleras à son cou en ne l'abandonnant jamais de sorte qu'il vienne à laisser l'arme qu'il a en mains.

Et s'il te tire à la partie basse et que tu es avec l'épée en *coda longa e larga*, tu passeras de ta jambe droite comme j'ai dit ci-dessus et alors là tu mettras le droit fil de ton épée dans son hast, et rapidement tu passeras dans un seul temps de ta jambe gauche vers son côté droit et tu donneras dans ce pas un tour à ton épée par-dessous au côté intérieur de sorte que ton *falso* soit contre son hast, en dirigeant son hast vers l'extérieur avec ton *falso*, et du droit fil tu lui donneras dans le cou ou dans la face, en

lo collo, o in la facia, non labandonando mai, ma se lui fusse tanto presto delle mani sue, e gambe che lui se tirarte indrieto per tirarte in tal tempo da basso, o da alto, tu urterai con lo falso della spada tua in la sua asta de sotto insuso, per modo tale che tu li potrai dare uno segatto dritto in telle bracie, o gambe, come a te parera,

e sempre anderai seguitando questo ordine de questo fare come te ho detto, perche contra ad armi in asta non ci trovo i migliori remedii, quanto sono questi tri, liquali tu hai possuto vedere: cioe el primo io t'ho detto che tu pigli la spada maneschamente, maxime la mano dritta dinanci, e la mancha al pomo come usanza, e la seconda io teho detto che tu te metti in guardia de intrare in largo passo come tu sai che va la detta guardia terza, io t'ho detto che tu pigli la spada con la mano mancha apresso del pomo, e la dritta tra lelzo grande el picolo metandote in la guardia sopra detta, e se a questo modo tu farai tu non potrai perire. Siche nota & non te dismenticare.

Cap. 178. Della diffinitione della spada da due mane contra arme inastate

Spacifico qui in questo, come e finito l'arte della spada da due mani contra armi inastate cosi lanciata come manescha, e per questo ringratiaremo idio e la sua madre, che ci dia aiuto, e gratia de guardarce de li pericoli de questo mondo.

LAUS DEO.

QUI E FINITO IL TERTIO LIBRO DE SPADA DA DUE MANE, PER ME ACHILLE MAROZZO BOLOGNESE.

ne l'abandonnant jamais. Mais s'il est tellement rapide avec ses mains et ses jambes qu'il se retire en arrière pour te tirer dans ce temps en bas ou en haut, tu frapperas avec le *falso* de ton épée dans son hast de bas en haut, de sorte que tu pourras lui donner un *mandritto* entaillant dans ses bras ou jambes, comme il te plaira.

Et toujours, tu iras en suivant cette règle en faisant comme je t'ai dit parce qu'il ne se trouve pas de meilleur remède contre les armes d'hast en dehors de ces trois-là que tu as pu voir. C'est-à-dire qu'en premier je t'ai dit que tu prends l'épée en main fermement, en général avec la main droite devant et la gauche au pommeau, comme de coutume ; en second je t'ai dit que tu te mets en *guardia d'intrare in largo passo* comme tu sais déjà comment aller dans cette garde ; en troisième je t'ai dit que tu prends l'épée avec la main gauche près du pommeau et la droite entre la grande garde et la petite garde en te mettant dans la garde ci-dessus. Et si tu fais de ces façons, tu ne pourras pas périr. Donc note et n'oublie pas.

Chap. 178. De la fin de l'épée à deux mains contre les armes d'hast.

Je spécifie ici dans ce chapitre que j'ai fini l'art de l'épée à deux mains contre les armes d'hast tenues en mains ou lancées. Et avec cela je remercie Dieu et sa mère que nous devons louer et remercier de nous garder des périls de ce monde.

LOUONS DIEU.

ICI EST FINI LE TROISIÈME LIVRE DE L'ÉPÉE À DEUX MAINS, PAR MOI ACHILLE MAROZZO BOLONAIS.

GLOSSAIRE

Voici un glossaire des termes techniques laissés en italiens dans la traduction.

Cinghiara porta di ferro : sanglier porte de fer.

Cinghiara porta di ferro alta : sanglier porte de fer haute, voir illustration.

Cinghiara porta di ferro stretta : sanglier porte de fer serrée, voir illustration.

Cinghiara porta di ferro larga : sanglier porte de fer large, voir illustration.

Coda longa e alta : queue longue et haute, voir illustration.

Coda longa e distesa : queue longue et étendue, voir illustration.

Coda longa e larga : queue longue et large, voir illustration.

Coda longa e stretta : queue longue et serrée, voir illustration.

De gamba levata : de la jambe levée, qualifie une frappe qui va se terminer avant que l'on ne pose le pied que l'on a jeté vers l'arrière à la façon d'un coup de pied.

Elza e entra : garde et entre.

Elza e fugie : garde et fuie.

Elza e tira : garde et tire. Défini au chapitre 40, frappe de *falso* suivie d'une frappe de *mandritto* sur un pas chassé.

Falso : faux, définit une frappe réalisée avec le faux-tranchant de l'épée, définit aussi le faux-tranchant de l'épée.

Falso dritto : faux droit, frappe du faux tranchant démarrant

depuis notre côté droit et finissant au côté gauche.

Falso manco : faux gauche, frappe du faux tranchant démarrant depuis notre côté gauche et finissant au côté droit.

Fendente : fendant, frappe de haut en bas à la verticale.

Fugie e cruve : fui et couvre.

Guardia alta : garde haute.

Guardia d'intrare in largo passo : garde d'entrée dans un pas large, voir illustration.

Guardia d'intrare non in largo passo : garde d'entrée dans un pas non large, voir illustration.

Guardia di consentire : garde du consentement.

Guardia di croce : garde de la croix, voir illustration.

Guardia di faccia : garde de face, voir illustration.

Guardia di fianche : garde des flancs, voir illustration.

Guardia di gombito : garde du coude.

Guardia di piede : garde des pieds.

Guardia di spalla : garde de l'épaule.

Guardia di stella : garde l'étoile.

Guardia di testa : garde de tête, voir illustration.

Incrociato : croisé, en général, estoc avec les mains croisées à la façon de *guardia di croce*. Marozzo utilise aussi le *mandritto incrociato* sans jamais le définir.

In falso / infalsata : en faux, Marozzo défini la *punta infalsata* au chapitre 93 comme étant réalisée avec le poignet de la main droite vers le haut.

Impuntato : ferme, défini au chapitre 96, équivaut à *tondo*.

Mandritto : maindroit, frappe du vrai-tranchant de notre côté droit vers notre côté gauche.

Mezzo : demi, qualifie les frappes s'arrêtant avec la pointe vers l'adversaire.

Porta di ferro alta : porte de fer haute, voir illustration.

Porta di ferro larga : porte de fer large, voir illustration.

Porta di ferro stretta : porte de ferre serrée, voir illustration.

Punta : pointe, frappe d'estoc.

Redoppio : redouble, frappe diagonale de bas en haut.

Roverso : revers, frappe du vrai-tranchant de notre côté gauche vers notre côté droit.

Sgualembrato : oblique, frappe diagonale de haut en bas.

Sopra mano : la main au-dessus, estoc avec les mains en position de *guardia di croce*.

Spada in armi : épée en armes, prise de l'épée avec la main droite sur la poignée et la main gauche au milieu de la lame.

Tondo : rond, frappe dont la pointe de l'épée parcourt une trajectoire horizontale.

Tramazzone : estramaçon, frappe armée du poignet, en général par le côté intérieur.

Tramazzoncello : petit estramaçon.

Traversato : traversant.

Trivillato : vissé, estoc réalisé avec un mouvement de volte des mains, passant par exemple du côté droit au côté gauche.

Volta dritta : volte droite, mouvement des mains du côté droit au côté gauche.

Volta manca : volte gauche, mouvement des mains du côté gauche au côté droit.

SCHÉMA DES DÉPLACEMENTS

Vous trouverez sur la page suivante le schéma des déplacements dont Marozzo parle dans le chapitre 1 et qui est donné au chapitre 144 dans le second livre de l'*Opera Nova*.

Cap. 144. Del passeggiare.

Questo sie el segno dove tu farai sopra passegiare li detti tuoi scholari de passo in passo, cosi inanci come indrieto con le armi in mano, atorno atorno, mettendo li piedi in su questi fili che traversano li segni tondi.

Chap. 144. Des déplacements.

Ceci est le schéma sur lequel tu feras passer tes élèves de pas en pas, en avant comme en arrière, avec les armes en main, tournant, retournant, mettant les pieds dans ces mêmes fils qui traversent les dessins ronds.

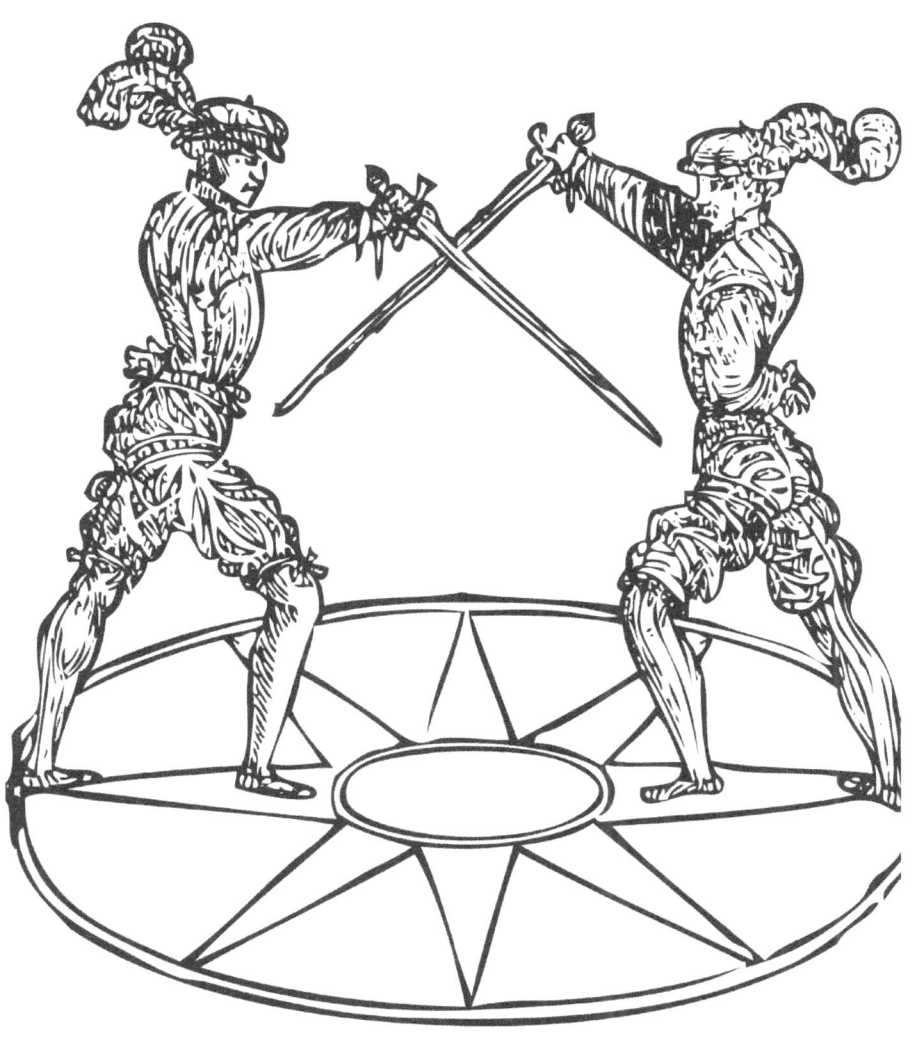

SCHÉMA DES FRAPPES

Vous trouverez sur la page suivante le schéma des frappes dont Marozzo parle dans le chapitre 1 et qui est donné dans le second livre de l'*Opera Nova*.

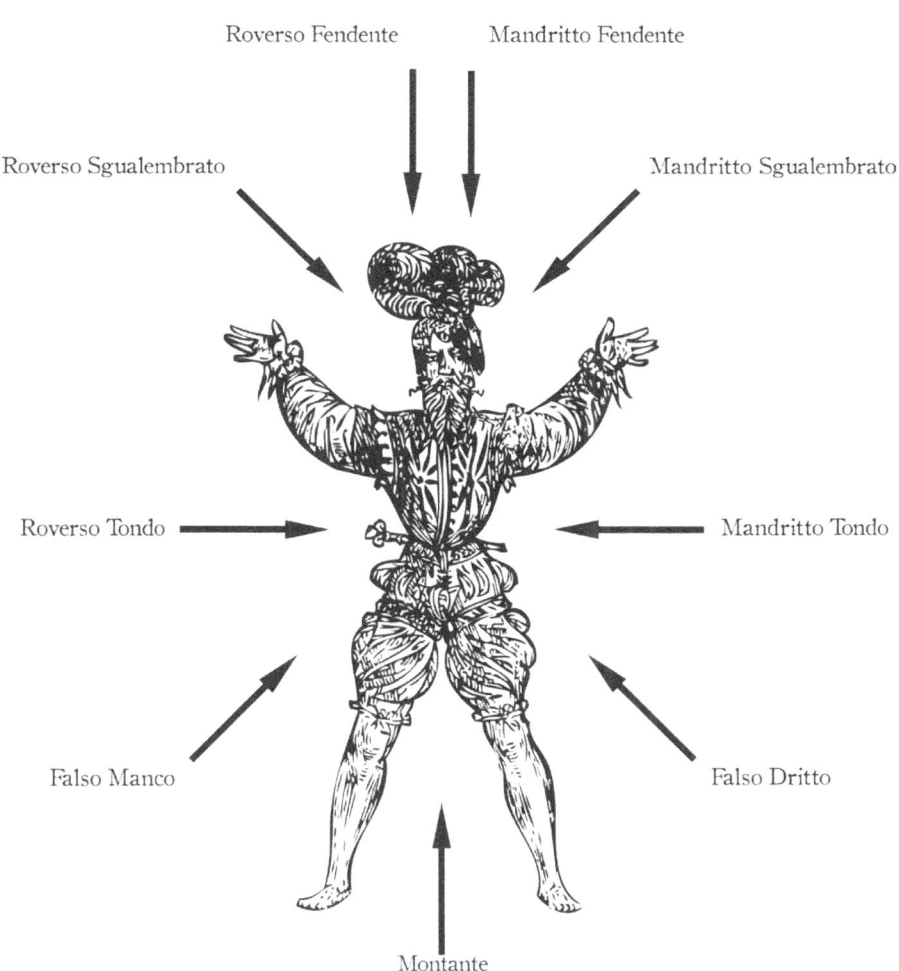

NOTES SUR LA TRANSCRIPTION

La traduction est ici proposée accompagnée de la transcription du texte original en italien.

Cette transcription est basée sur l'édition de 1536 de l'*Opera Nova*, publiée à Modène, et mise en ligne par le Munich Digitization Center (http://www.digitale-sammlungen.de).

Bien qu'essayant de rester au plus proche du texte original, il a fallu faire quelques concessions afin de rendre cette transcription lisible. Ainsi les abréviations latines n'ont pas été conservées, par exemple *cō* a été remplacé par *con* . Les *u* ont été remplacés par *v* quand nécessaire.

Les séparations de mots sont parfois faites dans le texte d'origine à l'aide des caractères suivants : . / : , qui ont été remplacées par des espaces en conséquence. J'ai maintenu les autres ponctuations quand elles étaient adjointes à un espace dans le texte original.

Enfin, j'ai préservé les majuscules en dehors des débuts de paragraphe où les premiers mots sont parfois entièrement en majuscule.

NOTES SUR LA TRADUCTION

Il a été décidé volontairement de laisser les termes techniques en italien, notamment les noms des gardes et des frappes, car la traduction ne me semblait pas pertinente. De plus, cela nous sert de rappel à chaque instant de l'origine de cet art. Mais vous noterez que la traduction de ces termes est proposée dans le glossaire.

L'orthographe à cette époque n'étant pas encore fixe, j'ai par contre harmonisé l'écriture de ces termes sur la version la plus moderne existante, ainsi les *megio* deviennent *mezzo* par exemple. J'ai par ailleurs harmonisé les temps de conjugaison et simplifié certaines lourdeurs et répétitions du texte original.

Je n'ai pas non plus respecté les paragraphes originaux, j'ai préféré redécouper le texte par groupe d'actions communes afin d'être plus facilement lisible. La mise en page de la transcription a été adaptée en conséquence.

REMERCIEMENTS

Je tiens d'abord à remercier ma compagne Catherine Loiseau qui m'a soutenu tout au long de la réalisation de cette traduction et qui m'a aidé avec ses conseils de traductions et ses corrections.

Je remercie Rachel Fleurotte pour son travail de relecture et de correction.

Je remercie Bruno Castille pour son travail sur toutes les illustrations qui sont présentes dans ce livre.

Je remercie tous les membres du REGHT et des Arts d'Athéna avec lesquels je travaille réguliérement et qui m'aident à la compréhension de cet art.

Enfin, je remercie les membres du cercle Bolonais qui contribuent à la traduction des autres sources bolonaises et dont le travail m'est précieux.

A PROPOS DE L'AUTEUR

Aurélien a commencé la pratique des AMHE (Arts Martiaux Historiques Européens) en 2010 après quelques années d'escrime artistique. Son intérêt principal est tradition bolonaise qu'il essaye de diffuser le plus largement possible que ce soit à travers les traductions des traités de celles-ci, par des ateliers sur les différents stages AMHE ou encore par des articles sur son site nimico.org.

Il est aussi instructeur dans l'association REGHT (**reght.fr**) où il enseigne l'escrime bolonaise dans les diverses armes de la tradition : épée bocle, épée à deux mains, épée dague et armes d'hast.

Aurélien est aussi membre du collectif Les Arts d'Athéna, cercle de recherche, de reconstitution, d'expérimentation et de promotion de la res militaria historique.

Du même auteur :

Opera Nova d'Antonio Manciolino, 2015

Opera Nova - Livre 1 d'Achille Marozzo, 2016

Opera Nova - Livre 4 & prises d'Achille Marozzo, 2017

Plus d'informations sur l'escrime italienne de la Renaissance :

http://nimico.org

www.ingramcontent.com/pod-product-compliance
Lightning Source LLC
Chambersburg PA
CBHW071200240526
45470CB00017B/519